|高职高专新商科系列教材|

旅游学概论

张艳萍 主 编
黄春丽 副主编

清华大学出版社
北京

内容简介

本书根据高等职业教育人才培养的目标和要求，针对旅游人才需求的新特点、新趋势，结合旅游业发展现状和旅游学研究的新进展，阐述了旅游现象及旅游业发展的基本理论和规律。全书共分为八章，主要内容包括旅游与旅游学、旅游者、旅游资源、旅游业、旅游产品与营销、旅游影响、旅游行业管理及旅游业国际惯例、旅游新业态。本书内容全面，案例新颖，构建了旅游学知识体系的总体框架，可为学生奠定良好的知识基础。

本书可作为高等职业院校旅游大类专业相关课程的教材，也可作为旅游职业培训、学历提升的教材，还可作为旅游从业人员自学的参考用书。

本书封面贴有清华大学出版社防伪标签，无标签者不得销售。
版权所有，侵权必究。举报：010-62782989，beiqinquan@tup.tsinghua.edu.cn。

图书在版编目（CIP）数据

旅游学概论/张艳萍主编.—北京：清华大学出版社，2023.9
高职高专新商科系列教材
ISBN 978-7-302-64550-4

Ⅰ.①旅⋯ Ⅱ.①张⋯ Ⅲ.①旅游学—高等职业教育—教材 Ⅳ.①F590

中国国家版本馆CIP数据核字（2023）第159774号

责任编辑：强 溦
封面设计：傅瑞学
责任校对：袁 芳
责任印制：沈 露

出版发行：清华大学出版社
    网　　址：http://www.tup.com.cn, http://www.wqbook.com
    地　　址：北京清华大学学研大厦A座　　　　　邮　　编：100084
    社 总 机：010-83470000　　　　　　　　　　　邮　　购：010-62786544
    投稿与读者服务：010-62776969, c-service@tup.tsinghua.edu.cn
    质量反馈：010-62772015, zhiliang@tup.tsinghua.edu.cn
    课件下载：http://www.tup.com.cn, 010-83470410
印 装 者：小森印刷霸州有限公司
经　　销：全国新华书店
开　　本：185mm×260mm　　　　　　　　印　　张：9.5　　　　　字　　数：227千字
版　　次：2023年9月第1版　　　　　　　　印　　次：2023年9月第1次印刷
定　　价：39.00元

产品编号：097872-01

前 言

旅游学概论是旅游大类专业的基础课程,也是学习其他课程的基础和前提。该课程的主要任务是向学生全面地介绍旅游现象的相关理论体系,使学生对所学专业的学科体系和专业知识有一定的了解和认识,为进一步学习后续专业课程打下基础。

本书根据高等职业教育人才培养的目标和要求,针对旅游人才需求的新特点、新趋势,结合旅游业发展现状和旅游学研究的新进展,构建了旅游学知识体系的总体框架,阐述了旅游现象及旅游业发展的基本理论和规律。本书主要有以下特点。

(1)思政教育与课程教学相结合。党的二十大报告指出,育人的根本在于立德。要全面贯彻党的教育方针,落实立德树人根本任务,培养德智体美劳全面发展的社会主义建设者和接班人。本书坚持教学与价值引领相结合,在内容设计、案例选择中融入思政教育,在每章加入"思政园地"模块,力求使学生发自内心地热爱旅游行业,树立文化自信,形成良好的旅游职业道德素养和社会责任感,坚定为国家旅游业发展做出贡献的理想信念。

(2)立足行业需求与教学需要。在内容设计上,本书从高等职业教育的教学实际和培养目标出发,充分考虑高职学生的学情特点,力求理论阐述准确,以"必需""够用"为基础,用行业与学科新的科研成果、案例、资料等激发学生对理论知识的学习热情。

(3)内容全面,层次清晰。在结构编排上,本书注重知识体系的层次性和逻辑性,尽量做到条理清晰,脉络分明。通过对旅游学基础理论、旅游者、旅游资源、旅游产品、旅游业、旅游市场、旅游影响、旅游组织、旅游新业态等内容进行系统的介绍和阐述,帮助学生熟练掌握旅游学科的相关理论知识。

(4)简明实用,易于理解。在文字表述上,本书坚持深入浅出、通俗易懂,注重贴合高职学生的认知能力,力求用简明、科学的语言阐述旅游资源学复杂、深奥的学科理论。每章均配有"学习目标""本章小结""学习案例",还以"小知识"等模块对相关理论、知识、标准进行补充性介绍。

(5)理论与实践相结合。本书配有大量典型案例,可帮助学生更好地理解旅游学相关内容,从相关案例中获得知识与经验,力求做到理论与实践结合。同时,每章都配有学习测试,用于帮助学生在练习的过程中巩固所学知识,充分掌握本章内容。

(6)将"旅游+"等理念融入教学内容。本书讲述了有关"旅游+"的本质、作用、特征等内容。"旅游+"强调跨界融合,将旅游与科技、文化、教育、体育等多个领域结合起来,打造全新的旅游体验。在教学中融入"旅游+"理念,有助于培养学生全面了解旅游产业的能力,激发其创新思维。

本书由张艳萍担任主编,黄春丽担任副主编,具体编写分工如下:张艳萍负责编写第一章、第三章、第四章、第七章，以及全书的总纂与定稿；黄春丽负责编写第二章、第五章、第六章、第八章。

  本书在编写过程中参阅了大量相关图书、资料及研究成果，在此一并表示感谢。由于编者水平有限，书中难免存在疏漏或不妥之处，敬请广大读者批评、指正。

编 者

2023 年 4 月

目 录

第一章 旅游与旅游学 001
  第一节 旅游的产生和发展 001
    一、古代旅行 001
    二、近代旅游 002
    三、现代旅游 004
  第二节 旅游学学科体系 004
    一、旅游学的研究对象 004
    二、旅游学的研究内容 004
    三、旅游学的学科性质 005
    四、旅游学的学科体系 006
    五、旅游学的研究方法 007

第二章 旅游者 012
  第一节 旅游者概述 012
    一、旅游者的概念 012
    二、旅游者的形成条件 016
  第二节 旅游者的类型及特征 018
    一、旅游者的类型 018
    二、旅游者的特征 022
  第三节 旅游消费者行为 023
    一、消费者的需要与购买动机 023
    二、影响旅游消费者购买动机的因素 027

第三章 旅游资源 032
  第一节 旅游资源概述 032
    一、旅游资源的概念 032
    二、旅游资源的研究内容 032
    三、旅游资源的类型 033
  第二节 旅游资源的调查、分类与评价 035

一、旅游资源的调查 035
　　二、旅游资源的分类 037
　　三、旅游资源的评价 041
　第三节　旅游资源的开发与保护 043
　　一、旅游资源的开发 043
　　二、旅游资源的保护 046

第四章　旅游业 051
　第一节　旅游业概述 051
　　一、旅游业的含义 051
　　二、旅游业的构成 051
　　三、旅游业的特点 052
　　四、旅游业的功能 053
　第二节　旅游业的构成 054
　　一、旅行社 054
　　二、饭店业 055
　　三、旅游交通 057
　　四、旅游景点 059
　　五、旅游产品 060
　第三节　旅游产业数字化转型 061
　　一、旅游产业数字化转型的现状 061
　　二、旅游企业数字化转型面临的问题 061
　　三、旅游企业数字化转型的对策 062

第五章　旅游产品与营销 067
　第一节　旅游产品 067
　　一、旅游产品的概念 067
　　二、旅游产品的构成 068
　　三、旅游产品的特点 069
　　四、旅游产品的生命周期 070
　第二节　旅游市场 071
　　一、旅游市场的概念和构成要素 071
　　二、旅游市场细分 072
　　三、旅游目标市场选择 073
　　四、旅游市场的客源分布 076

第三节　旅游营销..080
　　　　一、旅游营销调研..080
　　　　二、旅游营销计划..084
　　　　三、旅游产品促销..087

第六章　旅游影响..**092**
　　第一节　旅游的经济影响..092
　　　　一、旅游业发展对经济的有利影响..092
　　　　二、旅游业发展对经济的不利影响..095
　　第二节　旅游的社会文化影响..095
　　　　一、旅游对社会文化的积极影响...095
　　　　二、旅游对社会文化的消极影响...098
　　第三节　旅游的环境影响..099
　　　　一、旅游业发展对环境的积极影响..099
　　　　二、旅游业发展对环境的消极影响..100

第七章　旅游行业管理及旅游业国际惯例..**106**
　　第一节　国家旅游管理体制..106
　　　　一、国家支持发展旅游和旅游业的原因...106
　　　　二、国家旅游管理的内容...107
　　　　三、国家管理旅游发展的手段..108
　　第二节　旅游行业组织..108
　　　　一、旅游行业组织及其职能..108
　　　　二、具有代表性的旅游行业组织...108
　　第三节　旅游业国际惯例..112
　　　　一、国际惯例的含义与结构..112
　　　　二、世界旅游业运行的主要原则...113
　　　　三、世界各国的旅游发展政策..114

第八章　旅游新业态..**123**
　　第一节　"旅游+"业态..123
　　　　一、"旅游+"概述...123
　　　　二、"旅游+"的支柱..124
　　　　三、"旅游+"的未来发展..125
　　第二节　在线旅游业态..127
　　　　一、在线旅游概述..127

二、在线旅游市场的分类 …………………………………………………… 129
　　三、在线旅游的移动端应用 ………………………………………………… 129
　　四、在线旅游的发展趋势 …………………………………………………… 130
　　五、线上"云旅游" ………………………………………………………… 131
第三节　智慧旅游业态 …………………………………………………………… 131
　　一、智慧旅游概述 …………………………………………………………… 131
　　二、智慧旅游建设 …………………………………………………………… 131
　　三、智慧旅游发展趋势 ……………………………………………………… 132
第四节　旅游共享经济业态 ……………………………………………………… 133
　　一、旅游共享经济的含义 …………………………………………………… 133
　　二、旅游共享经济的特点 …………………………………………………… 133
　　三、旅游共享经济的发展现状 ……………………………………………… 134
　　四、旅游共享经济的主要问题 ……………………………………………… 137
　　五、旅游共享经济的发展趋势 ……………………………………………… 138

参考文献 ………………………………………………………………………… 142

第一章　旅游与旅游学

学习目标

（1）了解人类旅行和旅游活动的产生与发展。
（2）旅游学的研究对象。
（3）旅游学学科体系。
（4）旅游学主要研究方法。

课程思政

（1）了解旅游发展历史，引导学生树立历史唯物主义世界观。
（2）了解中国旅游历史人物和历史事迹，树立文化自信。
（3）了解现代旅游发展概况，树立为国家旅游业发展做出贡献的理想信念。

第一节　旅游的产生和发展

一、古代旅行

（一）中国古代的旅行

古代只有旅行，而无现代意义上的旅游。原始社会初期，人类既无客观上旅行的物质基础，也无主观上外出旅行的愿望。旅行作为一种经济活动产生于原始社会末期，是伴随商业活动的兴起而产生的。原始社会末期，生产工具与生产技术进步，生产力得到发展，剩余食物出现。纺织、冶金、建筑、运输等行业出现。第二次社会分工，手工业同农业和畜牧业分离，商业从农牧、手工业中分离。产品交换、生产技术交换，导致第三次社会大分工的出现。由此出现了专门从事易货贸易的商人阶级，也便产生了旅行经商或外出交换产品的需要。

人类最初的旅行活动，实际上并非休闲活动，商人为了追求利润，四处奔走。可以说，主要是商人开创了旅行的通道。良好的社会环境也促进了旅行的发展。

中国进入封建社会后，生产技术和社会经济都有很大的发展，社会相对安定，旅行活动领先于当时西方社会。

中国封建社会时期常见的旅行类型有：文史考察、士人漫游、公务旅行、宗教旅行、帝王巡游等。西汉历史学家和文学家司马迁是文史考察旅行的突出代表；西汉的张骞奉命西行开辟中原通往西域的旅行路线（丝绸之路），是公务旅行的代表；唐宋时期，士人漫游的突出代表是一些名士骚客等知识分子（李白、杜甫、柳宗元、陆游、苏轼等）；唐朝的玄奘及鉴真两位高僧是宗教旅行活动的代表；明清时期，郑和七下西洋是当时航海旅行的典型代表；明代医学家李时珍的药物考察和地理学家徐霞客的地学考察是科学考察的典型代表。

（二）国外古代的旅行

人类有意识的自愿外出旅行活动始于原始社会末期，并在奴隶社会时期得到迅速的发展。但绝大部分活动不属于消遣和度假活动，而是出于易货经商的需要，自发开展的一种经济活动。生产力和社会经济的发展推动了产品交换，从而激发了人们对外出旅行的需要。

奴隶制国家的发展与繁荣，客观上为当时的旅行提供了便利的物质条件。如罗马帝国，在全国境内修筑了许多宽阔的大道，为人们沿路旅行提供了方便。生产力发展与产品、生产技术交换，催生了交通运输的诞生与发展。

西欧封建社会的生产力与交通发展相对中国早期封建社会而言比较落后，所以旅行活动数量较少。从公元5世纪罗马帝国的衰亡到16世纪中叶这段漫长的时期中，欧洲的旅行活动规模非但没有什么真正的进展，反而在很大程度上呈现一种倒退的形势。

11世纪之后，欧洲城市开始兴起，西方封建主对财富的追求，催生了远航探险热潮，终于在15—16世纪出现哥伦布、麦哲伦等开辟新航路的伟大探险旅行活动。

欧洲封建社会早期，随着古罗马帝国的衰亡，战乱和社会秩序的动荡使欧洲旅行进入了一个衰落期。到了13—14世纪，西欧社会逐渐进入一个经济快速发展时期，旅行活动才开始复苏和发展，具有代表性的是宗教朝圣活动、温泉旅行的热潮和以教育、社会考察为目的的旅行活动的发展。

综上所述，中外古代旅行活动的特点包括以下三个方面。

（1）从旅行的形式看：①商务旅行居主导地位；②其他非经济目的的旅行活动中，又以宗教旅行为主要形式。

（2）从参加旅行的人数及成员看：参加人数较少，主要是统治阶级、少数富人和一部分文人。

（3）从旅行活动的发展看：封建社会已经开始出现为旅行活动服务的交通、旅店、饭馆等旅行服务行业。

二、近代旅游

（一）近代旅游发展的社会背景

18世纪中后期的产业革命推动了旅游业的发展。18世纪中后期，欧洲率先开始了产业革命。产业革命是指资本主义机器大工业代替工厂手工业的过程，是资本主义政治经济发展的必然产物。18世纪中叶开始的产业革命最终把人类推向近代旅游的新阶段。产业革命前，人们一直以人力、畜力或自然力来驱动交通工具，几千年来没有太大变化。产业革命使这种状况得到根本改变，蒸汽机技术用于交通工具，从此人类有了机械动力的运载工具——火车和轮船。新式交通工具不仅速度快、运载量大，还具有票价相对低廉的优势。这使得远距离大规模的人员流动第一次成为可能。此外，产业革命也使社会财富极大增长，中产阶级人数日益增加，大量中产阶级加入旅游的行列。在最早建成铁路的英国，商人们开始利用包租火车的形式把大批游客运送到游览地。旅游需求逐渐形成社会化规模，越来越多的人需要有人代他们处理从启程到返家过程中的一应事务。这意味着专门为旅游者服务、为旅游者活动提供便利条件的活动已有可能逐渐从其他部门中分离出来，形成一个新行业——旅游业。可以说，近代旅游和旅游业孕育于向近代转型的欧洲，最终由产业革命催生而成。

（二）英国的托马斯·库克的活动与旅游业的诞生

1841年7月，托马斯·库克采用包租火车的方式成功地组织了一次从英国的莱斯特前往洛赫伯勒的团队旅游。此后，他组织了多次类似的火车包价旅游活动。1845年，托马斯·库克创建了世界上第一家旅行社。

托马斯·库克对世界近代旅游的贡献表现为：按照供需规律，将分散、无序的旅游活动组织成集中、有序的活动，进一步科学化；将传统旅游者的多次购买消费模式简化为一次购买；首次推出了包价旅游，降低了成本，引入了以人为本的思想。正因如此，托马斯·库克的活动被学界视为近代旅游的开端。

在托马斯·库克旅游公司出现之后的几十年间，欧美和世界其他国家中类似的旅游组织和代理机构如雨后春笋般地涌现出来。以托马斯·库克父子公司为代表的专业化旅行机构的产生及其在世界范围内的发展壮大绝非偶然，它是产业革命之后具有一定规模的社会性旅游需求产生、发展、成熟的产物。当人们出于各种目的的驱动，在国内和国际范围内需要进行大规模流动时，会遇到语言、货币、交通、食宿及缺乏旅行经验等方面的问题，就急需有专人和专门的机构帮助处理和解决。可以说，托马斯·库克一系列的旅游活动结束了西方一个旧的旅游时代，开辟了西方近代旅游的新纪元。

（三）产业革命对近代旅游的影响

1. 产业革命加速了城市化的进程

随着产业革命的产生，社会的重心和中心转向城市，加快了城市化进程。人口高度集中带来拥挤、嘈杂、心理紧张。这一变化最终导致人们需要缓解环境带来的压力，产生了回归自然的需求。大量事实证明，城市居民的出游数量和出游率大幅高于乡村居民。因此，工作因素和生活地点方面的这种变化对产业革命后旅游活动的发展是一个重要的刺激因素。

2. 产业革命改变了人们的工作性质

产业革命改变了人们的工作性质，很多人工作和生活地点发生变化。随着大量人口进入城市，原来忙闲有致的多样性农业劳动被枯燥、重复的工业劳动取代。这一变化成为促使人们产生旅游动机的重要原因，很多人有了想要从枯燥的劳动中得到喘息、追求轻松、休闲的动因。所以产生了假日、带薪休假等需求。

3. 产业革命带来了阶级关系的新变化

产业革命的发生造就了新的阶级关系——资产阶级和工人阶级关系。产业革命使近代工商企业如雨后春笋般在欧美国家建立起来，随之而来的是新兴大工业城市的迅速崛起，因而使大批失去土地的农民从乡村涌向城市，投入大机器生产的雇佣劳动大军中。城市人口数量的急剧膨胀从根本上改变了这些国家的社会经济结构。旅游已不再是资产阶级的专利，工人阶级也加入旅游的行列中。城市的兴起和大规模的人员流动为近代旅游创造了广阔而巨大的客源市场。

4. 产业革命促进了科学技术的进步

新的科学技术在交通运输中的应用为近代旅游提供了动力。蒸汽技术在交通运输的广泛应用,给人类带来了新型先进的交通工具——轮船和火车,使人类的旅游与旅行活动以蒸汽技术为原动力,出现了一个巨大的飞跃。

三、现代旅游

现代旅游的出现有技术和社会原因,其中"二战"后世界人口迅速增长、世界经济迅速发展,交通的发展、城市的进程、收入和休闲时间的增加尤为重要。然而,工业文明在带来了巨大物质财富的同时,也产生了一些负面影响。例如,世界各国大量生产钢铁和大机器,给自然环境造成了难以消除的污染。在此情况下,人们一方面需要工业革命带来的各种物质便利条件,使人们的生活更加现代化;另一方面希望在生活压力下追求精神的愉悦,寻求美好的田园生活。

总之,旅游活动不仅是人类经济社会发展到一定水平的产物,而且将随着社会经济的发展而发展。这一最基本的规律对于全球旅游活动的发生与发展来说是如此,对于一个国家或一个地区旅游需求的产生和增长来说同样也是如此。

第二节 旅游学学科体系

一、旅游学的研究对象

研究对象的存在是学科成立的基本条件。旅游作为一种客观存在,其形成、运动和发展过程,都有其自身的矛盾和规律性。

旅游学的研究对象是旅游现象的发生、发展及其本质、条件和各种关系的内在矛盾的运动规律,直接具体对象是旅游活动和旅游业两方面。

旅游实际上是旅游的主体与旅游目的地及其服务供给者之间相互作用的过程。在这个过程中存在着多种矛盾,如游客与旅游目的地的矛盾、游客与目的地旅游经营者的矛盾、游客与自然生态环境的矛盾、游客与目的地居民的矛盾、客源地与旅游目的地的矛盾、旅游目的地政府与旅游经营者的矛盾等。

旅游学就是以世界范围的旅游活动为背景,将旅游作为综合的社会现象,研究出游期望与旅游产品效用之间矛盾运动规律的一门学科。

二、旅游学的研究内容

一门学科的研究对象决定了该学科的研究内容。旅游学的研究内容是从对旅游学研究对象的各个角度和各个层面进行分析来展开的。

(一)阐明旅游活动的基本要素及各要素之间的关系

旅游活动的基本要素是旅游者、旅游资源和旅游业。旅游者是旅游活动的主体,他们具有强烈的旅游愿望和要求,旅游活动开展的直接目的是满足他们的旅游需求;旅游资源是旅游赖以存在的客观条件,它们是使旅游者的旅游需求得到满足的客观载体,没有它们的吸引，旅游活动就无从产生；旅游主体和旅游客体相结合才能实现旅游活动，而把它们联结起来的桥梁和纽带就是旅游媒体，也就是旅游业。旅游业的产生和发展是旅游大众化的重要原因，因此，对旅游者、旅游资源和旅游业三者及其关系的研究是旅游学研究的重要任务。

（二）探讨旅游业的性质及结构

旅游业是现代社会的一种产业门类或经济部门，它以旅游者为对象为旅游者的旅游活动提供旅游产品和综合服务。旅游业的发展对旅游活动的不断扩大起到了推动作用，并在很大程度上影响着社会经济的发展。因此，正确认识旅游业和其他行业的关系对促进旅游业的发展非常重要，对旅游业的研究和探讨也成为旅游学研究的又一重要任务。随着旅游的发展，2015年，国家旅游局提出了旅游业新六要素，包括商、养、学、闲、情、奇。

（三）探讨旅游活动对接待地区的基本影响

旅游活动是一种复杂的社会现象，它对政治、经济、社会和文化都可以产生广泛的影响。在旅游业发展的初期，人们往往会较多地看到旅游业所带来的积极作用而忽视其消极影响；而当旅游业的发展进入高速成长期以后，随着旅游需求和供给矛盾的出现，人们便会倾向于谈论旅游业的消极影响。研究旅游活动及旅游业所产生的各种影响，认识和研究旅游活动影响的表现形式及产生机制，研究有效控制旅游影响的措施，有助于推动旅游业健康、顺利地发展。

（四）探讨旅游业的发展趋势

旅游业是国民经济的综合产业中拉动经济增长和实现可持续发展的重要动力，也是人文交流、社会沟通和经贸往来的重要载体。大数据时代、人口老龄化、后工业化社会、体验经济等是影响全球旅游业发展趋势的重要因素。纵观全球旅游业未来发展情况，其发展趋势主要表现为文化旅游融合的数字化，老年旅游产业规模的持续扩大化，旅游交通体系的智能化、人性化、便捷化和立体化以及虚拟技术开启了旅游方式新革命，带来了目的地营销的新体验。

大数据时代对旅游业发展影响尤其深远，随着大数据、人工智能、5G等现代信息技术的发展，数字化已经成为旅游业高质量发展的关键。数字技术不仅给旅游业带来广泛而深远的影响，也加快了不同产业之间的融合，数字技术的应用与发展推动了旅游产业与其他产业的融合。随着产业的数字化转型、公共服务和政策体系的完善，旅游产业与其他产业将在更广范围、更深层次、更高水平上实现深度融合，也将迎来发展模式的变革和新业态的发展。

三、旅游学的学科性质

（一）旅游学是一门社会科学

旅游活动是一种社会现象。旅游乃是人的活动，特别是就构成现代旅游活动重要组成部分的消遣旅游而言，旅游乃是人的重要的休闲活动。休闲是生产力发展到一定阶段而产生的社会现象。此外，旅游者在旅游活动中势必要同东道社会的居民进行接触。彼此互为旅游市场的国家或地区之间也会因旅游活动的开展而出现人员交流，这些民间接触和交往也属于一种社会现象。

（二）旅游学是一门多学科交叉的边缘学科

旅游学涵盖了地理学、经济学、社会学、心理学、人类学、历史学、文化学、生态学、管理学等多个学科的理论和方法，形成了独特的学术体系。例如，地理学为旅游资源的研究提供了空间分析的视角；经济学则关注旅游业的经济效益和发展模式；社会学和心理学则从人际交往和心理需求的角度分析旅游者行为和旅游目的地的社会效应。

（三）旅游学是一门应用性较强的学科

旅游学是社会科学中一门应用学科，这主要体现在以下三个方面。

（1）旅游业是一个重要的经济行业。从其产生来看，旅游业是社会经济发展到一定阶段的产物，是建立在一定的经济发展水平之上的。没有一定的经济发展水平做保证，就不可能产生旅游需求和旅游供给。旅游业作为一个产业，生产旅游商品，并通过出售这些商品而取得经济收益。旅游业可以促使和带动与旅游有关的其他经济行业的发展，进而带动地区经济的发展。旅游业可以增加外汇收入和促使货币的回笼。

（2）旅游业属于第三产业。事实上，旅游业已经成为全球最大的经济行业，它在社会经济活动中扮演着越来越重要的角色。

（3）旅游业是一种文化性产业。旅游资源是能够吸引旅游者的一切自然和社会因素，是旅游活动和旅游业赖以存在的基础。旅游资源包括自然资源和人文资源两个方面，就自然旅游资源而言，大都有文化的因素隐含在内。

四、旅游学的学科体系

旅游学的综合学科体系可归纳为以下几项内容。

（一）旅游理论体系

旅游理论体系是指旅游学的基本理论框架，它直接体现了旅游学的学科内容，即由对象研究而产生的与对象相对应的理论。旅游学理论体系的基本构成便是由对旅游学对象的研究及其任务的实施而形成的相关内容。作为一门新兴综合性边缘学科，其理论主要是通过多学科的综合研究途径逐步从其他相关学科移植、渗透和融合而来的，从而形成了旅游学独特的理论系统，如旅游地生命周期理论、旅游可持续发展理论、旅游规划理论、旅游服务管理理论、旅游者行为理论和旅游市场理论等。

（二）旅游经济学

旅游经济学是研究旅游经济活动过程以及这一过程中所反映的各种经济现象、经济关系及其规律的学问。旅游经济学是最早涉足旅游学的领域，也是现代旅游学最重要的组成部分之一。它从经济角度来研究旅游活动，揭示市场经济条件下旅游活动的效应。

在现代旅游中，各类的旅游活动都伴随消费行为的发生。来访游客在目的地的消费不仅为当地的旅游企业提供了商业机会，还通过其继发效应对当地经济中的很多其他方面产生间接影响。实际上，旅游消费的经济影响是双方的，即不仅影响到旅游目的地的经济，同时对旅游客源地的经济也会产生影响。就国际旅游而言，海外旅游者入境后的旅游消费构成了旅游接待国的国际旅游收入，而客源国居民出国旅游期间的旅游消费则构成了该国的国际旅游支出。就国内而言，从将全国作为一个整体的角度来看，似乎没有必要区分旅游目的地和旅游客源地，但旅游消费对两地经济的双向影响实际上也同样存在。

（三）旅游地理学

旅游地理学是中国地理、地质领域的学者在 1985 年提出的一个新概念。旅游是一种社会经济和文化现象，同时也是一种地理现象。旅游地理学是从地理学角度研究人类旅游活动与地理环境以及社会经济发展相互关系的一门学科，具有很强的应用性。旅游地理学包括以下分支学科及研究内容：旅游者的地域分布和空间移动规律；旅游资源学，研究旅游开发的对象即旅游地吸引旅游者的所有因素的总和；旅游与地理环境之间的相互关系；旅游业管理及接待设施中涉及的地理学问题；旅游景观学，研究从旅游业服务的角度对能够吸引旅游者且具有旅游开发利用价值的区域进行景观布局、设计及其建设原理等内容。

（四）旅游社会学

旅游是一种综合的社会现象。旅游者的旅游活动所产生的旅游客源地与旅游目的地之间的社会接触和文化交流对社会生活和文化等方面都会产生广泛的影响。旅游社会学主要研究方向包括：旅游文化、旅游活动和旅游业中社会文化现象及对社会文化影响的旅游文化学；旅游美学，即旅游活动审美内涵、审美对象、审美关系；旅游心理学，即在旅游活动中人们的心理活动规律及行为规律。

（五）旅游管理学

旅游管理学是旅游学借鉴管理学的理论，研究旅游现象而产生的分支学科，其任务是探讨能够使旅游活动和旅游业得以正常发展的管理理论和管理方法。它又分为两个方向，即旅游行业管理和旅游企业管理。

1. 旅游行业管理

旅游行业管理是把旅游业作为一个独立的产业部门来进行管理，是政府和旅游组织对旅游事业的宏观管理。目前，在许多国家的产业分类中都把旅游业作为一个独立的产业部门。我国也于 1986 年将旅游业正式纳入国民经济的整体规划，这标志着我国的旅游业管理部门已正式成为一个独立的产业部门。

一个国家对旅游行业的管理是通过设立旅游行政管理机构进行的。国家旅游行政管理机构代表国家实施对全国旅游业的管理；而地方旅游行政管理机构则代表地方政府对当地旅游行业进行管理。各国的具体情况不同，旅游业在国民经济中的作用和地位不同，旅游业行政管理机构的级别也就有所差异。有的国家设立旅游部；有的则设立国家旅游局；还有的考虑到旅游业的重要性及其所具有的综合性特点，设立旅游协调委员会。

2. 旅游企业管理

任何一个行业都包括许多具体的企业。旅游活动需要吃、住、行、游、购、娱等服务，会涉及饭店、旅行社、旅游景区运营企业、旅游交通企业等许多相关企业。

旅游企业管理主要包括以下方向：旅游饭店管理、旅行社经营管理、旅游景区管理、旅游娱乐公司管理、旅游规划公司管理。

五、旅游学的研究方法

（一）理论与实际相结合的方法

旅游现象的复杂性和研究内容的广泛性，使旅游研究表现出显著的综合性和关联性特点，因此，在进行旅游研究时，应该理论联系实际。在进行旅游现象或旅游活动研究时，首先必须建立理论框架，厘清与这一问题相关的各要素之间的复杂联系，对研究对象涉及的领域有系统的认识。再结合研究对象的实际，从综合目的出发进行分析，在分析的基础上加以综合。

（二）定性分析与定量分析相结合的方法

定性研究是指通过发掘问题、理解事件现象、分析人类的行为与观点以及回答提问来获取敏锐的洞察力。定量研究是与定性研究相对的概念，要考察和研究事物的量，就得用数学的工具对事物进行数量的分析，这就叫定量研究。定量研究也称量化研究，是社会科学领域的一种基本研究范式，也是科学研究的重要方法之一。由于旅游现象的复杂性和研究内容的广泛性，在研究中应该将定量研究与定性研究相结合。

（三）借鉴国外研究成果与我国旅游实际相结合的方法

国外旅游学科建设时间早，旅游业发展时间更长。可以合理借鉴国外已有研究成果。但中国旅游业发展有自己的特征，我们应该在借鉴国外研究成果的基础上，结合中国旅游发展实际进行研究。

思政园地

大力推进"旅游思政"和"思政旅游"教育

教育部等十部门印发了《全面推进"大思政课"建设的工作方案》，提出"推动思政小课堂与社会大课堂相结合，推动各类课程与思政课同向同行，教育引导学生坚定'四个自信'，成为堪当民族复兴重任的时代新人"。

就旅游业人才培养而言，高校不仅要坚决抓好"思政课程"和"课程思政"建设，还要发挥旅游业覆盖面广、涉及面宽、受众面大等特点，大力推进"旅游思政"和"思政旅游"教育，面向广大旅游类专业学生开设思政教育大课堂、深化思政教育全课堂，构建具有旅游业人才培养特色的"大思政课"新格局。

"旅游思政"是指依托旅游资源、旅游活动、旅游文化中所蕴含的思政元素，通过旅游旅行、研学研修、实习实训等方式，在社会实践中开展思想政治教育，从而达到育人效果的教育形式。

"思政旅游"是指进行思想政治教育的特色旅游，如红色旅游等。"旅游思政"和"思政旅游"是"课程思政"和"思政课程"的概念延伸、拓展和创新，是思想政治教育与旅游类专业教育和行业特色相结合形成的新思路、新方法、新模式，是贯彻落实"大思政课"与现实结合起来的行动实践。

习近平总书记指出："做好高校思想政治工作，要因事而化、因时而进、因势而新。"2021年7月，中共中央、国务院印发的《关于新时代加强和改进思想政治工作的意见》指出："坚持守正创新，推进理念创新、手段创新、基层工作创新，使新时代思想政治工作始终保持生机活力。"如何加强和改进思想政治工作是时代赋予的大课题，关系到解决好培养什么人、怎样培养人、为谁培养人的根本问题。

旅游职业教育应坚持把思政课与旅游类专业教育和行业特色相结合，构建起集"思政课程＋课程思政＋思政旅游＋旅游思政"于一体的协同育人体系。第一，思政课教师应该全程参与课程思政团队，打造示范性思政专业、思政课程。第二，要有充分的理论和实践基础,"读万卷书,行万里路",中华民族自古以来就有游学的传统,习惯于把旅游与育己育人结合在一起,体现了古人"于行走中育人"的教育理念和人文精神。近年来,研学旅行的成功实践既是对这一理念的守正创新,也证明了构建旅游院校"大思政课"的必要性、可行性和科学性,为"旅游思政"和"思政旅游"的广泛开展提供了鲜活的案例和实践基础。从本质上来看,构建旅游专业"大思政课"就是要把思政小课堂同旅游行业乃至社会大课堂结合起来,探索在全域范围建立"行走的思政课"。

从旅游类职业院校的人才培养来讲,可以从以下几个方面着手构建旅游专业的"大思政课"。

一是要建设好"大思政课"旅游实践教育示范基地。鼓励和支持引导政、产、学、企联合在红色旅游、文化旅游、研学旅游等资源富集的区域打造"旅游思政"和"思政旅游"示范基地,串联红色教育、研学研修、文化体验等业态产品,创新文旅融合路径;深度挖掘旅游和文化思想性、先进性、时代性的教育价值,塑造"教育+旅游"新品牌。

二是要构建好旅游专业大思政图谱。鼓励推动旅游院校进行旅游专业大思政教育理论研究,群策群力系统性挖掘旅游业"思政教育知识富矿"中的教育元素,比如革命历史纪念馆中的烈士故事、博物馆呈现的中华悠久文化、青山绿水传递的绿色发展理念、人物传记表达的奋斗精神等。这些元素不是孤立的,而是以中华民族的伟大发展历史为主线相互关联的;以旅游为着眼点,完全可以构建起集地理、历史、文化、文学、民俗、经济、政治、社会等于一体的大思政"森林"。"先见森林、再见树木;既见树木、又见森林"的思政教育将会取得很大实效。

三是要建设好旅游专业思政资源。旅游既有行"无言之教"的作用,又有行"有言之教"的价值;前者体现在学习者的学思渐悟、知而后行中,后者则需要借助教育资源的作用。因此,旅游院校可以深入挖掘旅游和文化内涵,提炼思政元素,编制更有思想性、理论性、针对性和亲和力的导游词、讲解词、交互式媒体教材、在线课程等,创新"旅游思政"教育产品。

四是要培育好适应新时代旅游发展的从业队伍。高校不仅要持续打造一支从事思政教育教学过硬的教师队伍,借此培养一批优秀的高素质旅游专业毕业生,而且要在全域旅游视域下,面向传统六要素的从业人员开展广泛深入的职业培训,充分发挥每一颗"螺丝钉"在"旅游思政"和"思政旅游"教育中的示范和引领作用,激活全域旅游"大课堂"、汇聚其育人"大能量"。

旅游院校与旅游行业共同构建的旅游专业"大思政课"格局必定激发广大学生树牢"四个意识"、更加坚定"四个自信"、更加坚决做到"两个维护"。

(资料来源:李文斌,王占龙.大力推进"旅游思政"和"思政旅游"教育[EB/OL].[2021-07-28]. https://m.gmw.cn/baijia/2022-09/19/36033289.html.)

旅游是人类历史发展的产物。古代只有旅行,而无现代意义上的旅游。旅行是伴随商业发展而出现的。根据旅游的发展历程,不同历史发展阶段有不同的特点,古代的旅游形式有帝王巡游、官吏宦游、商务旅行、士人漫游、宗教旅行、科学考察旅行等。旅游业产生于近代,工业革命促进了旅行向旅游的转化。托马斯·库克成立世界上第一个旅行社,被誉为世界旅游业的创始人。第二次世界大战后,特别是20世纪60年代以后,现代旅游业蓬勃发展,已成为世界上第一大产业。现代旅游以其旅游主体大众化、旅游区域扩大化、增长的持续性、旅游服务一体化和运行规范化、旅游产品多样化等特征不同于过去任何一个时期的旅游。

了解旅游学研究对象及旅游学学科体系,可以为后面学习打下基础。旅游学就是将旅游作为一种综合的社会现象,以世界范围为统一体,以旅游活动中的各种矛盾因素为研究对象,研究旅游的本质特点、社会作用、内外条件和发生发展活动规律的新兴学科。它是一门社会学科、应用性学科。

一、简答题
1. 旅游学的研究内容包括哪些?
2. 旅游学学科体系有哪几个系列?
3. 旅游学的研究方法有哪些?
4. 简述托马斯·库克对人类旅游发展的贡献。

二、实训题
通过网络查询5位知名旅游学领域研究学者,了解他们的主要研究领域及研究方法。
调查目的:了解旅游学者的研究领域及研究方法。
调查工具:手机、调查提纲等。
调查要求:个人调查。
调查报告:形成调查报告,字数1 000字。
实训指导:提前介绍旅游学界的相关学者,并将要了解的内容提前设计成任务要求。

学习案例

中国(宁夏)星空旅游大会举办

2021年7月30日,由宁夏回族自治区文化和旅游厅、中国旅游报社主办的中国(宁夏)星空旅游大会在宁夏中卫沙坡头旅游景区举办。宁夏回族自治区政协副主席郭虎出席开幕式。文化和旅游部资源开发司有关负责人表示,星空旅游将观光、亲子、康养、度假等元素融为一体,促进自驾、研学、精品民宿等多业态融合,对推动旅游特色化、高质量发展和满足游客高品质需求具有积极作用。

中国旅游报社负责人表示,如何保护好星空赖以呈现的暗夜资源,打造新的产业增长点,促进高质量发展,是发展星空旅游要考虑的问题,需要业界共同研究、探索,形成合力、共同推广。

宁夏回族自治区党委宣传部副部长,自治区文化和旅游厅党组书记、厅长刘军表示,宁夏将充分发挥"文旅+"和"+旅游"的联动优势,立足黄河流域宁夏段自然特征和文化属性，聚焦贺兰山东麓葡萄酒、枸杞、鲜奶、滩羊等特色产业，深入挖掘星空旅游与特色产业内涵，做好"星星的故乡"度假酒店、沙漠房车营地等项目的深度谋划，布密观星点，让"星星的故乡"更受游客喜爱。

近年来，宁夏将星空旅游作为文旅融合高质量发展的新业态重点打造，培育出"星星的故乡"文旅品牌。此次大会以"星空月下·最美宁夏"为主题，包括星空朗读、星光夜跑、星星影展、星空音乐会等一系列活动。开幕式上还举办了"星空夜话"，邀请业界人士共话星空旅游发展。

（资料来源：王涛，杨硕. 中国（宁夏）星空旅游大会举办 [EB/OL].（2021-07-30）[2021-08-05]. http://www.ctnews.com.cn/paper/content/202108/02/content_58404.html.）

问题：
1. 你认为星空旅游的吸引力在哪里？
2. 如何打造"星空旅游"品牌？

第二章 旅游者

学习目标

（1）了解旅游者的基本概念，以及旅游者产生的客观条件和主观条件。
（2）理解旅游者的划分及类型。
（3）重点掌握主要旅游者类型的旅游活动特点和规律。
（4）掌握影响旅游消费者购买动机的因素。

课程思政

（1）培养学生的爱国情怀、法治意识、社会责任、文化自信、人文精神等素质。
（2）培养学生良好的旅游职业道德素质。
（3）通过情景模拟、课堂讨论等环节，培养学生团队合作意识。

第一节 旅游者概述

一、旅游者的概念

（一）国际旅游者的定义

1. 罗马会议对国际旅游者的定义

在国际官方旅游组织联盟的积极推动下，联合国于1963年在罗马召开了一次国际旅游会议（以下简称罗马会议），会议就各国对国际旅游者的统计口径作了新的规范，凡是外出旅行的人，均统称为旅行者，旅行者中符合要求的称为游客，其余的称为其他旅行者。游客又分为两类：一类是过夜游客，称为旅游者（tourist）；另一类是不过夜的一日游游客，称为游览者（excursionist）。

（1）旅游者。旅游者（过夜游客）是指到一个国家或地区作短期访问，逗留时间在24小时以上的游客，其旅行目的有：①消遣，包括娱乐、度假、疗养保健、体育活动等；②办事，包括工作业务、家庭事宜、公务出差、出席会议等。

（2）游览者。游览者（一日游游客）是指到一个国家或地区作短暂访问，停留时间不超过24小时的游客。

罗马会议对游客所做的具体解释如下：游客是指除为获得有报酬的职业以外，基于任何原因到一个不是自己常住的国家或地区访问的人。罗马会议定义的旅游者包括海上巡游过程中的来访者，但不包括那些在法律意义上并未进入所在国的过境旅客，如没有离开机场中转区域的航空旅客。

罗马会议结束后，这一定义在1968年被联合国统计委员会和国际官方旅游组织联盟正式确认和通过。1970年，经济合作与发展组织旅游委员会也采纳了这一定义，这一定义在以下几方面对国际旅游者进行了界定。

（1）将所有纳入旅游统计的来访人员统称为游客，将过夜和不过夜的这两类游客都纳入了国际旅游者的定义范围。

（2）以在访问地的停留时间即是否在访问地停留过夜为标准，将游客进一步划分为停留过夜的旅游者和不停留过夜的游览者。

（3）根据来访者的定居国或常住国进行判断，而不是根据其国籍来界定其是否属于国际旅游统计中的游客，更能准确体现国际旅游的经济意义。

（4）根据来访者的访问目的来界定其是否属于国际旅游统计中的游客。

（5）游客外出旅游的目的是除了为获得报酬的职业以外的其他任何目的。

目前，世界各国在对国际旅游者进行界定时，都是以罗马会议的定义为基础的，就国际旅游者的界定而言，各国在原则上达成了共识。

2. 世界旅游组织大会对国际旅游者的定义

世界旅游组织在1981年出版的《国内与国际旅游统计资料收集与提供方法手册》一书中，使用排除法，对国际游客的统计口径作了如下界定，并向全世界推荐。国际游客不包括下列人员：①意图向目的国移民或在该国谋求职业的人员；②以外交官身份或军事人员身份进行访问的人员；③任何上述各类人员的随从人员；④流亡者、流浪者或边境上的工作人员；⑤打算在目的国停留一年以上的人员。

但下列人员可以纳入到国际游客的统计口径中：①为了娱乐、医疗、宗教仪式、家庭事宜、体育活动、会议、学习而过境进入另一国家的人员；②外国轮船船员或飞机机组成员中途在某国稍事停留的人员；③停留时间不足一年的外国商业或公务旅行人员，包括为安装机械设备而到达目的国的技术人员；④负有持续时间不足一年使命的国际团体雇员或回国进行短期访问的旅行侨民。

国际游客可分为国际旅游者和短程国际旅游者。国际旅游者是指在目的国的住宿设施中至少度过一夜的游客。短程国际旅游者是指未在目的国住宿设施中过夜的游客。其中包括乘坐游船的乘客，这些乘客可能在所停靠的港口地区进行多日访问，但每天回到船上住宿。短程国际旅游者不包括正在过境途中的乘客，如降落于某个国家但未在法律意义上正式进入该国的航空班机过境乘客。

1991年6月，世界旅游组织和加拿大旅游局共同举办了国际旅游统计会议，这次会议再一次给旅游者下了一个定义。1993年，联合国接受了世界旅游组织的定义。巴昂把世界旅游组织的定义列了一个清单，其中与旅游者定义有关的内容如下。

（1）游客。游客是指任何一个到其惯常环境之外的地方旅行，时间在12个月之内，且旅行的主要目的是消遣、商务活动、朝觐、保健等，而并非通过所从事的活动从被访问地获取报酬或向被访问地移民的人。

交通工具上的乘务人员（通常不受边界管制所限）和商业旅行者（包括那些在一年之中到不同目的地的旅行者），可以被认为是在其惯常环境内旅行，所以被排除在游客之外，并且那些终年或一年中的大部分时间在两个居住地之间旅行（如周末住宅、寄读学习）的人也不属于游客。

（2）旅游者。旅游者是指在访问地停留一夜以上的游客（并非必须在收费住宿设施中过夜）。

（3）一日游游客。一日游游客是指不在访问地过夜的游客。

（4）旅行者。旅行者包括游客和以下三类人员。

① 直接过境旅行者，即在一个机场或两个相邻港口之间停留、过境的旅行者。

② 通勤旅行者，即因工作、学习、购物而进行日常旅行的人。

③ 其他非通勤旅行者，即偶尔在当地的旅行者（到不同目的地）、交通工具乘务人员和旅行推销员、流动工人（包括临时性工作）和赴任或离任的外交官。

根据世界旅游组织大会的定义可知，游客包括下列人员：为了消遣、商务活动、保健等目的离开惯常生活环境且旅行时间在12个月以内的人员、游船游客（包括不当班的外国海军人员）和边境购物者。

（二）国内旅游者的定义

有关国内旅游者的定义及范围，目前国际上尚无完全一致的看法。虽然国际旅游组织提出的定义适用于国际旅游和国内旅游两个领域，但是涉及国内旅游时，各国并没有全部采用这个定义，而是在界定出游目的的基础上，选择对旅行距离和逗留时间中的一个因素进行具体规定来确定国内旅游者的定义。由于定义标准的不同，在国内旅游者的定义和具体的统计上产生了差异。这给国际统计以及有关的对比分析造成了一定影响。在国内旅游者的技术性定义中，离开常住地的距离以及在外旅游的时间成为两个关键的衡量因素。

1. 以距离为衡量标准的国内旅游者定义

根据距离来确定国内旅游者定义的国家有加拿大和美国等。加拿大政府部门给国内旅游者下的定义是：到离开其所居住的社区边界至少50英里（约合80千米）以外的地方去旅行的人。

在美国使用较广的国内旅游者的定义是1973年美国国家旅游资源评审委员会提出来的，即旅游者是为了出差、消遣、个人事务，或者出于工作上下班之外的其他任何原因而离家外出旅行至少50英里（单程）的人，而不管其是在外过夜还是当日返回。美国调查统计局在其每五年一次的"国民旅游调查"中也规定，一次旅游是指"一个人外出到某地，其往返路程至少为100英里"。美国旅游资料中心在其调研工作中也使用了这一规定。

美国调查统计局和旅游资料中心还规定，下述情况不能列为旅游：火车、飞机、货运卡车、长途汽车和船舶的驾驶及乘务人员的工作旅行；因上下班而往返于某地的旅行；学生上学或放学的日常旅行。

加拿大、美国的国内旅游者定义可取之处在于：一般情况下，旅游者外出超过50英里，基本上都已超出其居住地区的行政边界，旅游者在外出期间的消费必然发生在其他地区，而这正是各国政府部门和旅游业所关注的问题。

以距离为衡量标准的不足之处在于，这个标准会排除那些无须长距离旅行即可到异地旅游的游客。假设一个人居住在社区的边缘区域，那么就可能无须旅行50英里就可以离开常住地进行旅游活动。所以按照这种定义统计旅游人次，难免会使结果数据低于实际数据。

2. 以停留时间为衡量标准的国内旅游者定义

根据停留时间来确定国内旅游者定义的国家有英国和法国等。英国旅游局在其每月一次的英国旅游调查中对国内旅游者的定义是：基于上下班以外的任何原因，离开居住地外出旅行过夜至少一次的人。对外出旅行的距离则未作任何明确规定。同时，在实际的旅游统计中，英国将那些没有在外过夜的旅游者列为一日游游客或当日往返游客。

法国对国内旅游者的定义是：基于某些原因离开自己的主要居所，外出旅行超过24小时但未超过4个月的人。这些原因包括：消遣（如周末度假或假期）、健康（如利用温泉浴或海水浴治疗疾病）、出差或参加各种形式的会议（如体育比赛、朝圣或讨论会等）、商务旅行、修学旅行。

法国对国内旅游者的定义还规定，下列人员不在国内旅游者之列：外出活动不超过24小时的人；为了就业或从事职业活动而前往某地的人；到某地定居的人；在异地求学、膳宿在学校的学生及现役军人；到医疗机构治疗或疗养的人；在规定假期内，为家庭事务而探亲访友的人。

法国的定义没有明确提到旅行距离，但必须在外过夜的规定实际上间接涉及了旅行距离的问题。因为从实际情况来看，如果一个人外出旅行的路程不是足够远或者说没有超出自己居住地区的范围，一般不会在外过夜。因此，这种在外过夜的旅游活动大部分发生在旅游者居住地区以外的其他地区。

在以上几个定义当中，加拿大和美国对国内旅游者的定义是以离开旅游者居住地的距离为标准来确定的，而不论其是否在外过夜；英国和法国则强调必须在外过夜，而不论旅游者外出的距离，法国为此还规定了一个最长的期限。虽然从表面上来看，这两种类型定义的衡量标准不同，但它们在实质上是相通的：超出一定距离的旅行，人们往往就会选择在外过夜；旅游者外出在外过夜，说明其外出已超过了一定的距离。

（三）我国对于旅游者的定义

1. 游客

我国使用的游客概念与世界旅游组织提出的游客概念基本一致。

游客是指任何为休闲、娱乐、观光、度假、探亲访友、就医疗养、购物、参加会议或从事经济、文化、体育、宗教活动，离开常住国（或常住地）到其他国家（或地区），其连续停留时间不超过12个月，并且前往其他国家（或地区）的主要目的不是通过所从事的活动获取报酬的人。其中，常住国是指一个人在一年中的大部分时间内所居住的国家，或者只居住了较短的时间，但在12个月内仍要返回的国家；常住地是指一个常住国的居民，在近一年的大部分时间所居住的地方，或者只居住了较短的时间，但在12个月内仍要返回的地方。这个定义中的游客，不包括因工作或学习在两地有规律地往返的人。

游客按出游地分为国际游客（即入境游客）和国内游客，按出游时间分为旅游者（过夜游客）和一日游游客（不过夜游客）。

2. 国内游客

国内游客分为国内（过夜）旅游者和国内一日游游客。

国内（过夜）旅游者是指国内居民离开惯常居住地在境内其他地方的旅游住宿设施内至少停留一夜，最长不超过 12 个月的国内游客。国内旅游者应包括在我国境内常住一年以上的外国人及港澳台同胞。

国内（过夜）旅游者不包括下列人员：到各地巡视工作的部级以上领导；驻外地办事机构的临时工作人员；调遣的武装人员；到外地学习的学生；到基层锻炼的干部；到其他地区定居的人员；无固定居住地的无业游民。

国内一日游游客是指国内居民离开惯常居住地 10 千米以上，出游时间超过 6 小时且不足 24 小时的，并未在境内其他地方旅游住宿设施内过夜的国内游客。

从上述国际旅游组织对应纳入旅游统计人员的界定以及我国对旅游者的统计口径可以发现，我国未将在亲友家中过夜的入境旅游者和国内旅游者纳入统计范围，除此之外，两者基本一致。也正因为如此，我国对旅游者的有关统计数据低于实际数据。

3. 入境游客

根据《中华人民共和国出境入境管理法》第八十九条：入境，是指由其他国家或者地区进入中国内地，由香港特别行政区、澳门特别行政区进入中国内地，由台湾地区进入中国大陆。入境游客分为入境（过夜）旅游者和入境一日游游客。

入境（过夜）旅游者是指在入境游客中，在我国旅游住宿设施内至少停留一夜的外国人、华侨、港澳台同胞。其中，外国人是指有外国国籍的人，包括加入外国国籍的有中国血统的华人；华侨是指持有中国护照但侨居国外的中国同胞；港澳台同胞是指居住在我国香港特别行政区、澳门特别行政区和台湾地区的中国同胞。

入境（过夜）旅游者不包括下列人员：应邀来华访问的政府部长级以上官员及其随行人员；外国驻华使馆官员及领馆官员、外交人员以及随行的家庭服务人员和受赡养者；在我国居住时间已达一年以上的外国专家、留学生、记者、商务机构人员等；乘坐国际航班过境，不需要通过护照检查进入我国口岸的中转旅客；边境地区（因日常工作和生活而出入境）往来的边民；回大陆定居的华侨、港澳台同胞；已在我国定居的外国人和原已出境又返回我国定居的外国侨民；归国的我国出国人员。

入境一日游游客是指在入境游客中，未在我国旅游住宿设施内过夜的外国人、华侨、港澳台同胞。入境一日游游客应包括乘坐游船、游艇、火车、汽车来华旅游，在车（船）上过夜的游客和飞机、车、船上的乘务人员，但不包括在境外（内）居住而在境内（外）工作、当天往返的港澳同胞和周边国家的边民。

4. 出境游客

出境游客分为出境（过夜）旅游者和出境一日游游客。

出境（过夜）旅游者是指我国居民出境旅游，并在境外其他国家或地区的旅游住宿设施内至少停留一夜的游客。出境一日游游客是指我国居民出境旅游，在境外停留时间不超过 24 小时，并未在境外其他国家或地区旅游住宿设施内过夜的游客。

二、旅游者的形成条件

旅游者的形成既取决于客观条件，又取决于旅游者的主观条件。

（一）旅游者形成的客观条件

1. 足够的可自由支配收入

可自由支配收入是指在一定时期（通常为一年）内的全部收入扣除应纳所得税、社会保障性消费、日常生活必需消费部分（衣、食、住、行等）以及预防意外开支的储蓄（突发事故所需费用）之后，剩余的收入部分。旅游是一项消费活动，直接决定一个人能否成为旅游者并实现旅游活动的因素是可自由支配的收入。可自由支配收入的多少决定了旅游者的消费水平、消费结构以及旅游者对旅游目的地和旅游方式的选择。一个家庭的可自由支配收入可以通过恩格尔系数进行衡量。恩格尔系数越低，表明可自由支配收入的水平越高。

小知识

恩格尔系数

恩格尔系数是根据恩格尔定律而得出的比例数。1857年，世界著名的德国统计学家恩格尔阐明了一个定律：随着家庭和个人收入的增加，收入中用于食品方面的支出比例逐渐减小，这一定律被称为恩格尔定律，反映这一定律的系数被称为恩格尔系数。其公式为：恩格尔系数（%）= 食品支出总额 / 家庭或个人消费支出总额 ×100%。恩格尔定律主要表述的是食品支出占总消费支出的比例随收入变化而变化的一种趋势，揭示了居民收入和食品支出之间的相关关系，用食品支出占总消费支出的比例来说明经济发展、收入增加对生活消费的影响程度。国际上常用恩格尔系数来衡量一个国家和地区人民的生活水平。

2. 足够的闲暇时间

旅游者的旅游活动需要有足够的闲暇时间才能完成。闲暇时间是指人们除去工作时间和生活时间以外，可用于自由支配，从事娱乐、消遣、社交或其他自己所感兴趣的活动的时间，也称自由时间或自由支配时间。闲暇时间可分为四种：每日闲暇时间、每周闲暇时间、公共假日和带薪假期。

（二）旅游者形成的主观条件

旅游者的形成除了客观条件外，还需要主观条件，而这一主观条件就是旅游动机。旅游动机是指促使一个人有意于旅游以及确定到何处、做何种旅游的内在驱动力。人们外出旅游的动机是多种多样的，影响这些动机的形成因素也是多方面的，既有来自旅游者的自身因素，也有来自外部的客观环境因素，但总体来说，主要包括人的个性心理、自身客观条件（如年龄、性别、受教育程度）以及社会文化条件等因素。旅游动机的类型主要包括文化交流动机、健康动机、购物动机、人机交往动机、业务动机等。出于业务动机而进行的旅游活动主要包括各种学术交流、政府考察和各种商务活动等。据有关部门统计，在国际旅游活动中，各种专业交流考察团占了较高的比例。而我国也有很多城市发展会展旅游经济，形成了很多会议型的旅游城市。

第二节　旅游者的类型及特征

一、旅游者的类型

1. 以国界为标准

以国界为标准划分旅游者类型是根据旅游者在旅游时是否跨越国界，把旅游者分为国际旅游者和国内旅游者。二者的主要区别是游客是否跨越国界（关境），国际旅游者要征得目的地国家的许可，才可以实施旅游。一般跨越国界（关境）游客要进行旅游签证，但欧盟内的一些国家不需要进行签证。国内旅游者的旅游活动，一般不必征得目的地景区的同意。

2. 以旅游目的地为标准

以旅游目的地为标准划分旅游者类型是按照旅游者所要到达的目的地的地理区域或所处地理位置把旅游者分为邻近国旅游者、洲际旅游者和世界旅游者三种。邻近国旅游者在本大洲内的国家旅游，如日本游客到中国旅游。洲际旅游者是到其他洲参观游览的旅游者，如美国游客到中国、欧洲旅游就是洲际旅游者。世界旅游者是指以全世界作为目的地的旅游者，也称环球旅游者，这类旅游者的目的地更远、更多。

按照旅游者目的地的地理位置来划分，世界旅游组织把旅游者分为欧洲旅游者、美洲旅游者、非洲旅游者、中东旅游者、南亚旅游者、东亚及太平洋旅游者等类型。

3. 以旅游费用来源为标准

以旅游费用来源为标准一般可将旅游者分为以下四种类型。

（1）自费旅游者。自费旅游者是指由自己来支付全部旅游费用的旅游者。随着经济的快速发展，我国自费旅游者已经成为国内游客的主力军。

（2）公费旅游者。公费旅游者是指旅游费用全部由国家、单位承担，自己不必支付任何费用的旅游者。中国政府对公务旅游有着严格的规定，禁止任何形式的公费旅游，公费旅游多是对有贡献人员的奖励性旅游。

（3）社会旅游者。社会旅游者是指享受社会福利补贴的旅游者。这种类型在国外，尤其是在欧洲发达国家中较多见。例如瑞典是一个高福利国家，其国民十分喜欢旅游，尽管人口只有1 000多万，但每个上班族每年享受5周的法定有薪假期，假期他们多会选择到国外去旅游，因此瑞典是世界上外出旅游人数最多的国家之一。

（4）奖励旅游者。奖励旅游者是指在工作中或因参加某种活动而得到以外出旅游为奖品的旅游者。例如，组织五一劳动奖章、青年五四奖章获得者，登天安门，参加国庆观礼；奖励优秀学生的科技夏令营旅游等。

4. 以组织形式为标准

以组织形式为标准可将旅游者分为以下三种类型。

（1）团体旅游者。团体旅游者是一定数量的来自同一单位、组织的游客，接受旅行社的统一安排、组织和精心策划，在整个旅游团体中接受统一管理、统一服务，并一次性地支付旅游费用的旅游者。旅游团体人数一般不低于10人，其中的旅游者也叫作团体包价旅游者。团体旅游的旅游线路、活动内容固定，旅游者的自由度较小，但是不需要自己安排行程，旅行社和其他旅游企业都有合作协议，费用一般都比较低，游客相对省心、省钱。

（2）个体旅游者。个体旅游者也叫散客，是指以单个个体的形式参与旅行社组织的旅游活动的旅游者，是相对于团体旅游者而言的。旅行社把散客组成一个旅游团后，其服务就与对待团体旅游者一样。

（3）自助旅游者。自助游是近年来兴起的一种旅游方式，就好像自选商场，所有产品（服务）都明码标价，由游客根据自身条件（包括时间、预算、身体状况等）自由选择服务组合，不完全依赖旅行社套装行程的旅游类型。随着家庭汽车拥有量的剧增，"自驾游"比例增加很快，但是费用比较高昂。寒暑假一些大学生自己结伴而游，摆脱了旅行社预先安排好的行程模式，更加随心所欲，自由自在，充满了多元化的个性元素。自助旅游一般操作起来比较烦琐，旅游者很辛苦，安全保障也低。

5. 以旅游目的和旅游活动内容为标准

以旅游目的和旅游活动内容为标准可以将旅游者分为以下类型。

（1）观光型旅游者。观光型旅游者是指以欣赏自然风景和风土人情为活动内容的旅游者，是旅游业中最普遍、最常见的旅游者类型。随着20世纪60年代中期之后度假旅游的兴起和20世纪70年代以来会议旅游者、文化旅游者的迅速增加，观光型旅游者在整个旅游市场上的比例呈下降趋势。

观光型旅游者具有以下几个特征：旅游者外出旅游的季节性强、选择旅游目的地的自由度较大、对产品价格较为敏感、重游率低。因为各景点的不同季节的景色会有所不同，所以观光型旅游者在外出旅游时，很注重季节因素。观光型旅游者在选择旅游目的地时，会根据旅游景点的知名度、旅游产品的性价比等多个因素综合比较来选择旅游目的地，自由度较大。由于观光旅游多是初级旅游产品，可替代的同类产品多，因此观光型旅游者对价格一般比较敏感。

（2）娱乐消遣型旅游者。娱乐消遣型旅游者是指通过娱乐、消遣活动，以求得精神上的放松，并享受临时变换环境所带来的欢愉的旅游者。娱乐消遣型旅游者的特征主要体现在以下几个方面：没有明显的季节性、旅游目的地的选择与观光型旅游者相同、重游率较高、旅游消费额较高。娱乐消遣型旅游者的旅游活动范围一般都是距离旅游者常住地较近的区域，多为短程旅游。

（3）度假型旅游者。度假型旅游者是指在相对较长的时间内，为改变生活环境，过一段轻松自在、悠闲舒适的生活，以达到精神和身体放松目的的旅游者。度假型旅游者的主要特点包括以下几个方面。①季节性强。例如旅游者到哈尔滨观看冰灯、雪雕，只能在冬季；学生外出旅游多在寒暑假。②对目的地、方式、时间选择方面有较大自由度。旅游者一般都是选择多个旅游景点游玩，很少选择一个目的地，所以方式也比较灵活，飞机、火车、轮船、汽车等都可以选择，外出的时间主要是自己的余暇时间和景区的最佳接待时间。③停留时间一般较长。旅游者多利用节假日出游，逗留时间一般较长。④对价格较敏感。旅游者由于是自费旅游，对交通、住宿的要求不太高，注重经济实惠。⑤重游率低。旅游者已经去过的景点，对其吸引力会大大降低。

（4）家庭事务型旅游者。家庭事务型旅游者是指以探亲访友、出席婚礼、参加开学典礼等涉及处理个人家庭事务为目的的外出旅游者。家庭事务型旅游者外出旅游的季节性不强；在旅游目的地的选择上没有自由度；家庭事务型旅游者外出旅游主要是自费，大多对价格比较敏感；旅游者通常不消费旅游目的地的住宿设施服务。

（5）公务型旅游者。公务型旅游者是指出于工作需要而外出的旅游者，其目的是在某一相对确定的旅游目的地和一定的时间内完成工作任务，同时又在目的地参观、游览当地自然风光、名胜古迹。公务型旅游者的特点是：人数少，但次数较多，重游率高；没有季节性，不受余暇时间、季节、气候的限制，很多的工作时间本身就是其旅游时间；目的地选择自由度小；消费水平较高，出于工作需要，对食住行等要求高，与身份相适应；对价格不太敏感，费用不是自费，自然不会关注旅游费用高低；对服务要求高；逗留时间固定，公务结束，立即返回，一般不会在目的地延期逗留。

（6）医疗保健型旅游者。医疗保健型旅游者主要是指通过参加一些有益于身体和心理健康方面的旅游活动，以达到消除疲劳、增进身体和心理健康等目的的旅游者。医疗保健型旅游者的主要特点如下：旅游者的收入较高；中老年人占有较大比例；旅游者的消费水平较高。

（7）文化旅游者。文化旅游者是指以促进文化交流、了解民俗风情、求学、考察、考古、探险等为主要内容的旅游者。他们出游的目的是领略异国他乡的新奇文化、乡俗，以及不同文化之间的冲突、渗透、融合，以此来扩展视野，增长见识。伴随我国高等教育水平的提高，文化旅游者的数量有很快的提升，其关注的范围也有所扩大。文化旅游者一般具有以下几个特点。①对时间、价格不敏感。这类旅游者具有较高的文化修养，对文化有着浓厚的兴趣，一般具有较高的文化水平，其中不乏专家学者，对他们而言，兴趣、爱好是第一位的。②消费水平高，但对旅游条件不过分追求。文化旅游者受教育水平高、收入多，对价格不敏感，消费水平较高，由于以追求精神享受和文化交流为目的，对交通、住宿的要求不高，主要以实现目的为主。③重游率高。对旅游线路的科学性比较敏感，可能会多次到一个地方旅游。这类旅游者对线路的选择，主要看重文化内涵的连续性和整体性，如果一次旅游不能了解其全貌，旅游者可能会重游。

6. 以消费水平为标准

以消费水平为标准一般可将旅游者分为以下三种。

（1）经济型旅游者。经济型旅游者是指具有一般收入的工薪阶层形成的旅游者。他们收入较低，外出旅游消费水平也相对较低。一般都乘坐比较廉价的汽车、火车出游，住宿多选择招待所、普通宾馆。

（2）大众型旅游者。大众型旅游者消费水平中等，比较大众化，相对而言，对旅游条件比较讲究。通常选择高铁、飞机出游，住宿要求星级宾馆，对导游服务要求较高，相对比较挑剔。

（3）豪华型旅游者。豪华型旅游者是指那些经济条件优越、生活富有情趣的旅游者。他们出游就是为了享乐，为了舒适，对旅游要求相当高。乘火车要坐软卧，乘飞机喜欢商务舱，常住四星、五星级高档酒店，但对旅游中的购物十分反感。

7. 以旅游者体验程度为标准

旅游体验融合了不同程度的新奇感觉以及不熟悉的因素，人们对旅游过程中的变化感到惊喜，但是这种惊喜中又混杂着不同程度的改变常规习性的不安全感。考虑旅游者的旅游动机，以及旅游体验中的新奇度和熟悉度受旅游者的偏好和日常生活背景影响，以旅游者体验程度为标准可将旅游者分为以下四种。

（1）有组织的大众旅游者。有组织的大众旅游者外出旅游的典型形式是包价旅行，有固定的路线、预设的旅游目的和完善的导游服务，所有重大决定都交由旅游活动的组织者负责。对于这种大众旅游者来讲，重要的是最高的熟悉度、最低的新奇度以及和其他人旅行带来的安全感及友谊。这是旅游活动的初级形式。

（2）个体大众旅游者。作为个体大众旅游者，他们的旅行不完全由其他人设计，旅游者对旅游路线和时间分配有一定的自主权。但是，所有重大安排都由旅行中介来帮助旅游者完成或者由其提供完善的辅助性服务。像有组织的大众旅游者一样，个体大众旅游者基本上还是要保持在与本国生活方式相仿的"环境泡沫"范围内，与旅游目的地的社区成员少有交集。因此，对于个体大众旅游者来说，熟悉度仍然占上风。

（3）探险旅游者。探险旅游者通常亲自计划自己的旅行，在旅游行程安排中会尽可能避开高度开发的旅游吸引物，他们希望能够与旅游目的地的社区成员打成一片，但是仍会寻求"环境泡沫"的保护。在探险旅游者的旅游体验中，新奇度已经占据了主导地位，但需要保持一定的熟悉度。探险旅游者与旅游目的地的社区成员有一定的接触，但是没有完全融入该地区。

（4）漂流旅游者。漂流旅游者通常会自拟旅行计划，但是会避开已经开发好的旅游线路，那些开发程度较高的旅游目的地对于这种旅游者来说根本没有吸引力。他们会尽量选择那些未开发的旅游目的地，并与旅游目的地的社区成员生活在一起，完全融入东道主文化中，做到入乡随俗，在食宿等方面的生活习惯与当地人一样。对于漂流旅游者，旅游体验中要求非常显著的新奇度，而熟悉度基本消失。

8. 以交通工具为标准

以交通工具为标准根据旅游者外出旅游时所选择的交通工具来划分旅游者，一般可分为飞机、火车、轮船、汽车、自行车、徒步旅游者等。实际上，旅游者一次旅游可能要乘坐几种交通工具，此标准主要依据从长住地到旅游目的地城市选择的是什么交通工具。

9. 以不同旅游者在所属心理类型上的差别为标准

著名旅游咨询专家斯坦利·帕洛格依据不同旅游消费者在所属心理类型上的差别，将旅游消费者划分为若干不同的类型，包括依赖型旅游者、近依赖型旅游者、偏依赖的中间型旅游者、偏冒险的中间型旅游者、近冒险型旅游者和冒险型旅游者。其中最基本的三种类型分别是依赖型旅游者、冒险型旅游者和中间型旅游者。

（1）依赖型旅游者。帕洛格的早期研究将这种依赖型心理类型称为自我中心型。这类旅游者共有的人格特征包括：①思想封闭，缺乏冒险和探索精神；②处事谨慎、心态保守；③总是担忧未来情况生变，在花钱方面刻意节制；④偏好购买名牌产品，认为这是一种安全可靠的购买选择；⑤缺乏自信心和进取精神；⑥往往愿意听从公众人物的建议，或者仿效他们的行为；⑦喜欢循规蹈矩的生活方式；⑧喜欢在熟悉的环境中生活，而不愿结交陌生人。

依赖型旅游者的行为特点主要包括：不会经常外出旅游；在旅游目的地停留天数较少；在外旅游期间的人均消费较低；偏好自驾车出游，很少乘飞机外出；外出旅游喜欢寄宿于亲友家中，或者选择廉价的住宿设施，而不愿选择下榻高档饭店；偏爱前往开发程度高的旅游热点地区。在他们看来，游客众多这一事实就表明该地是值得游览的地方，否则不会有如此多的游客。在目的地停留期间，往往会选择自己熟悉的娱乐活动，例如玩游戏机、看电影等；偏爱去温暖阳光的地方度假，有机会躺在沙滩上或在游泳池边的躺椅上晒太阳，符合这种类型的人天生不好动的特点；前往陌生之地旅游时倾向于参加有导游陪同的旅行团，很少以自助方式前往；喜欢购买对该目的地具有标志性意义的纪念品；对于自己喜欢的旅游目的地，这类旅游者多会故地重游。

（2）冒险型旅游者。帕洛格的早期研究将这种类型称为多中心型。这类旅游者共有的人格特征主要包括：①喜欢探索，乐于尝试新鲜体验；②做事情果断，毫不犹豫；③花钱比较随意，愿意及时行乐；④喜欢选择新出现的旅游产品；⑤生活中充满自信和活力；⑥对待生活有自己的主见，不盲从；⑦处事主动，富有进取精神；⑧喜欢充满挑战的多样性工作；⑨偏爱个人独处和静默沉思。

冒险型旅游者的行为特点主要包括：经常外出旅游；喜欢远程旅游；在外旅游期间的人均消费较高；喜欢航空旅行，因为乘飞机抵达目的地所需时间较短，可减轻旅途疲劳，并且能使在目的地停留的时间相对增加；强烈偏好去环境独特、尚未充分开发、依然保留原始魅力的旅游目的地。更重要的是，这类旅游者在外出旅游时往往会尽力避开那些拥挤的旅游热点；愿意接受条件虽差但非同一般的住宿设施，对于这类旅游者来说，下榻这种住宿设施实为旅游体验的必要组成部分；偏好入乡随俗，在旅游期间，他们往往会避开那些专为来访旅游者表演的节目；喜欢自助式旅游，这类旅游者自信且好冒险，在很多情况下都能做到轻松应对，即便有语言障碍，也不愿参加由导游陪同的旅行团；旅游过程中表现活跃，在外出旅游期间，除了睡觉之外，大部分时间都用于考察和探访，而不是整天躺着晒太阳；在购物方面，这类旅游者倾向于选择当地的艺术品和工艺品，而不是一般的旅游纪念品；为了增加自己的阅历，他们每年都会寻找新的旅游目的地，而不愿故地重游。

（3）中间型旅游者。中间型旅游者在人格特征和行为方面的表现特点介于上述两个类型的人群之间。

根据帕洛格的理论，对于一个新开发的旅游目的地来说，最初能吸引来的游客主要是冒险型旅游者，因为此时选择去该地旅游很大程度上意味着冒险。随着时间的推移，当该旅游目的地的发展步入成熟期时，所吸引来的游客会转为依赖型旅游者。

二、旅游者的特征

1. 异地性

对旅游者而言，其旅游目的地均为异地他乡，正是异地性这一特征满足了旅游者求新、求奇、求异、求真，避免"审美疲劳"的旅游心理需求。

2. 短暂性

对旅游者而言，前往异地他乡进行参观游览具有短暂性的特点，不会导致永久性居留（移民或就业），这是旅游者和迁徙者的重要区别。

3. 愉悦性

愉悦性是旅游者的最终目的。无论是观光旅游寻幽探奇、博览风采、增长见识、开阔眼界，还是体育运动、度假疗养、品尝美食、文化交流等，旅游者最根本的追求都是满足心理或生理的需要，使身心得到愉悦的感觉，这也是旅游者和一般旅行者的根本区别。

4. 消费性

旅游是现代社会人们一种特殊的生活方式。旅游者通过花钱消费得到享受，这不仅要求旅游者具备一定的经济负担能力，还要求旅游目的地能够为旅游者提供相应的旅游服务，以迎合旅游者的消费要求。同时，消费层次也决定了旅游层次。

5. 业余性

旅游者是在工作之余进行旅游活动的，所以，余暇时间的有无以及长短，直接影响旅游者的旅游决策和旅游行为。

6. 地域性

由于所处的自然环境、经济水平、社会制度、文化修养和风俗习惯等的不同，旅游者具有明显的地域性。这不仅导致了各地旅游者旅游动机的差异，而且直接关系到旅游目的地旅游影响的辐射范围。

第三节 旅游消费者行为

一、消费者的需要与购买动机

（一）消费者的需要

1. 需要的概念

旅游者的旅游消费活动通常是由消费需要引起和决定的，消费需要是消费的先导，是消费活动的内在原因和根本动力。需要与刺激都是动机产生的条件，而需要是最基础的条件。

需要是人们对某种目标的渴望、欲求，是人的机体自身或外部生活条件的要求在头脑中的反映。它反映了生活中的某个方面或某些方面的缺乏或者不平衡，由于缺乏而产生需要。例如，在与人交往中有获得友爱、被人尊重的需要。个体缺乏和不平衡的情况有很多种，如人们感到饥饿寒冷时，会产生对食物、御寒衣物的需要。潜在的需要或非主导的需要对消费者行为的影响比较微弱。需要是和人的活动紧密联系在一起的。一种需要满足后又会产生新的需要。在需要和行为之间还存在着动机、驱动力、诱因等中间变量。

2. 需要的分类

消费者的需要是十分丰富的，可以从多个角度予以分类。

（1）根据需要的起源分类，可以分为生理性需要和社会性需要。

生理性需要是指个体为维持生命和延续后代而产生的需要，如饮食、饮水、睡眠、运动、排泄、性生活等。生理性需要是人类最原始、最基本的需要，是人和动物所共有的，而且往往带有明显的周期性。应当指出的是，人的生理性需要和动物的生理性需要有本质区别。人的生理性需要并不像动物那样完全受本能驱使，从需要的对象到满足需要所运用的手段，无不烙有人类文明的印记。

社会性需要是指人类在社会生活中形成的为维护社会的存在和发展而产生的需要，如求知、求美、友谊、荣誉、社交等。社会性需要是人类特有的。人是社会性的动物，只有被群体和社会接纳，才会产生安全感和归属感。

（2）根据需要的对象分类，可以分为物质需要和精神需要。

物质需要是指对与衣、食、住、行有关的物品的需要。在生产力水平较低的社会条件下，人们购买物质产品在很大程度上是为了满足其生理性需要。随着社会的发展和进步，人们越来越多地通过物质产品体现自己的个性、成就和地位，因此，物质需要不能简单地对应于生理性需要，实际上它已逐渐地渗透着社会性需要的内容。

精神需要主要是指认知、审美、交往、道德、创造等方面的需要。

（3）根据需要的层次分类，可以分为生理需要、安全需要、归属需要、尊重需要、自我实现需要。

美国心理学家马斯洛的需要层次理论认为，人类的基本需要有五种，即生理需要、安全需要、归属需要、尊重需要和自我实现需要。五种需要按照对个体的重要程度由低级至高级依次排列如下。

生理需要是指人们日常生活中对穿衣、吃饭等的需要。生理需要是人类最原始的也是最基本的需要，包括饥、渴、性和其他生理机能的需要，它是推动人们行为的最强大的动力。只有在生理需要基本满足之后，高层次的需要才会相继产生。如在旅游中，以健康为基础的康体、疗养，都是人体生理调养的需要。

安全需要是指当人们的穿衣、吃饭需要得到了一定程度的满足之后，人们最需要的是周围不存在威胁其生存的因素。人们的生活环境要有一定的稳定性，有一定的法律秩序，没有混乱、恐吓、焦躁等不安全因素的折磨。

归属需要是指在生理需要和安全需要得到一定程度的满足后，人们会强烈地需要朋友、心爱之人、亲人的关怀等，即需要在团体中找到一种归属感，需要被人爱护。如果这种需要不能得到满足，人们会强烈地感到孤独、被抛弃。在这种需要的驱使下，人们会主动地交朋友，寻找喜欢自己的人与自己所爱的人。

尊重需要是指归属需要满足后，人们还需要朋友、亲人以及社会上的其他人对其的良好评价。人们都具有自尊、自重的欲望，需要他人承认自己的实力、成就，得到个人的荣誉和威信，还需要有自信心，拥有个人的自由和独立性，能胜任工作和任务等能力。

自我实现需要是指一个人在以上四个方面的需要都得到了较好的满足后，会激发出一种最高层次的需要，即实现自我价值和发挥自我潜在能力的需要。自我实现需要是指实现个人的理想、抱负，最大限度地发挥个人的能力的需要。在这种需要的驱使下，人们会尽最大的力量发挥自我的潜能，实现自我的目标、自己的价值。马斯洛对人类的需要层次是按照三条原则加以排列的。其一，人类基本的需要必先得到满足，然后才会进一步追求较高层次的需要。其二，人类需要与个体成长发展密切相关。人出生时，首先是满足生理需要，然后逐渐考虑到安全、归属、尊重的需要，最后才追求自我实现需要。因此，个人需要的发展过程是波浪式演进，由一级演进至另一级。其三，人类的需要与个体生存有关。马斯洛认为，一个理想的社会，除了应该满足人们的基本生理需要外，还要满足人们较高层次的需要，并鼓励个人去追求自我实现。

（4）根据消费者购买产品或服务时所希望获得的满足性质分类，可以分为对产品基本功能、安全性、便利性、审美价值的需要。

对产品基本功能的需要。产品的基本功能是指能满足消费者某种需要的物质属性，它是产品生产和销售的基本条件，也是消费者需要的最基本内容。

对产品安全性的需要。消费者要求产品在购买、使用、处置的过程中不会对自己的身体、财产造成任何伤害。对环保意识较强的消费者来说，对产品安全性的需要还包括产品在生产、营销、消费过程中不对环境造成污染，有利于环境保护。例如，化妆品中过高的激素含量、纸品生产过程中大量未经处理的废水排放等都是不安全的因素。

对产品便利性的需要。这要求企业在消费者购买、使用产品的过程中尽可能为消费者提供方便，减少消费者在时间、精力、体力等方面的付出。由于对便利性的需要，产品或服务在价格、质量等其他条件相同的情况下，消费者总是会选择那些能提供更大便利性的供应商、产品或服务，甚至在有些条件下，消费者还可能为便利而放弃其他方面的利益。

对产品审美价值的需要。这一需要表现为消费者对产品在工艺设计、造型、色彩、装潢、整体风格等方面审美价值上的要求。在消费活动中，消费者对产品审美功能的要求是一种持久性的、普遍存在的心理需要。在审美需要的驱动下，消费者不仅要求产品具有实用性，而且要求产品具有较高的审美价值；不仅重视产品的内在质量，而且希望产品拥有完美的外观设计，即实现实用性与审美价值的统一。

（二）消费者的动机

消费者的消费行为都是有目的的，这些目的的实质是满足人们的某种需要。当需要未得到满足时，人们就会产生内心紧张或内驱力，在外界诱因的激活下需要会转化为具体的动机。继而在动机的驱使下，采取行动来实现目的。

1. 动机的概念

动机可以描述为在个体内部存在的迫使个体采取行动的一种驱动力。这种驱动力表现为一种紧张状态，它因某种需要没能得到满足而存在。个体会有意识或无意识地通过采取某种行动来减轻这种紧张状态，使自身的需要得到满足。个体所选择的目标与为实现目标而采取的行动，是个体思考与学习的结果。对于消费者而言，消费需要转化为消费者的动机，驱使消费者去寻找能满足需要的东西，产生购买、消费行为。

动机引起行为，维持行为，并引导行为实现目标。人们的行为受动机支配，而动机来源于需要。每个人在任何时候都有许多需要，有些是生理上的，如饥饿、口渴。有些是心理上的，如被他人认可、尊重和归属等。人的某种需要会成为行动的驱动力，需要越强烈，产生的驱动力越大。

2. 引发动机的条件

一般认为，引发动机必须有内在条件和外在条件。

（1）内在条件。引起动机的内在条件是需要，动机是在需要的基础上产生的。如果说人的各种需要是个体行为的源泉和实质，那么人的各种动机就是这种源泉和实质的具体表现。需要引起内驱力的增强，出现一种被激发起来的动机状态。内驱力激发了反应，即一个或一组行为，以实现特定的目标。当特定的需要得到满足后，这个动机过程即告终结。

（2）外在条件。人的动机不仅受到内在需要的推动，还会受到外部刺激的拉动。一个目标物除满足需要外，还有某种诱惑力，这种力量产生诱因作用。一些目标的诱惑力很大，即使没有内部需要，它们也可能激发行为。另一些目标的诱惑力很小，虽然有内在需求，但还是难以激发行为。大多数情况下，人的行为是由内在需要与外在诱因两方面因素共同驱动的。内在需要的"推"与外在诱因的"拉"共同作用能产生强烈的动机。因此，对于商家而言，除了要注意消费者的内在需要对动机的推动之外，还要在外在诱因上下功夫。

3. 动机的类型

（1）求实动机。求实动机是以注重商品或劳务的实际使用价值为主要目的的购买动机。消费者在购买商品或服务时，特别重视商品的实际效用、功能质量，讲究经济实惠、经久耐用，而对商品的外观造型、色彩、商标、包装装潢等不太重视。具有这种购买动机的人大多是收入较低、支付能力有限或注重传统习惯和购买经验的消费者。

（2）求新动机。求新动机是以注重商品的新颖、奇特和时尚为主要目的的购买动机。消费者在购买商品时，特别重视商品的外观、造型、式样、色彩和包装装潢等，追求新奇、时髦和与众不同，对陈旧落伍的东西不屑一顾。具有这种购买动机的消费者一般来说观念更新较快，容易接受新思想、新观念，生活也较为富裕，追求新的生活方式。拥有求新动机的消费者带有强烈的好奇心，想要彰显个性、追求与众不同，乐于接受新、奇、异的事物。

（3）求美动机。求美动机是以注重商品的欣赏价值和艺术价值为主要目的的购买动机。消费者购买时受商品的造型、色彩、款式和艺术欣赏价值的影响较大。具有这种购买动机的消费者多为中青年女顾客以及文艺界人士，他们有浪漫情怀，关注精神生活，是时装、化妆品、首饰、工艺品、家庭装饰用品的主要购买者。

（4）求廉动机。求廉动机是以注重商品价格低廉，希望付出较少的货币而获得较多的物质利益为主要目的的购买动机。价格敏感是这类消费者的最大特点，他们会花较多的时间和精力去比较同类商品的价格差异，并选择便宜的商品。创造出千亿元级销售额的"双十一"就是利用了消费者的求廉动机。一般而言，这类消费者收入较低或者经济负担较重，有时也受对商品的认识和价值观的影响。

（5）求名动机。求名动机是一种以追求名牌商品或仰慕某种传统的名望为主要目的的购买动机。消费者通过购买特殊的商品来宣扬、夸耀自我。在购买时受商品的知名度和广告宣传等影响较大。在这种动机的驱使下，顾客购买时几乎不考虑价格和实际使用价值，以及商品的名称、产地、销售地点等，只是通过购买、使用名牌来显示自己的身份和地位，从中得到一种心理上的满足。

（6）求同动机。求同动机是一种求得大众认可的购买动机，是指消费者在购买商品时不自觉地模仿他人的购买行为而形成的购买动机。具有求同动机的消费者，主要以购买大众化商品为主，目的是跟上潮流即可，人有我有，不求创新，也不甘落后。求同动机有时也称为从众动机。

（7）便利动机。便利动机是一种以方便购买、便于使用维护为主要目的的购买动机。具有这种动机的消费者的时间、效率观念很强，希望尽可能简单、迅速地完成交易过程，不能容忍烦琐的手续和长时间等候，对商品本身不太挑剔。

（8）偏爱动机。偏爱动机是一种以某种商品、某个商标或某个企业为主的购买动机。人们由于兴趣爱好、生活习惯或职业需要等原因，往往对某些商品表现出特殊的兴趣，产生了偏爱，成为这些商品的经常购买者。因此这一动机有时又称为惠顾动机。企业注重服务，善于树立产品形象和企业形象，往往有助于培养、建立消费者的偏爱动机。

小知识

消费动机

消费动机来源于推动消费者购买的欲望。在欲望的推动下，消费者才会进行购买。消费动机的实现除了要具备主体的需要和满足需要的"产品"之外，还会受到其他外部或内部因素的制约。也就是说，主体的需要和客体的功能价值（诱因）只是构成了消费动机产生的条件，但并未构成动机实现的充足条件，因此还必须满足其他条件的要求。另外，主体对产品及其文化的需要往往也不是完全靠本能就能驱动的意识性需要，而是由主体的内在条件以及其所处的外部环境共同作用才能被主体意识到的需要。所以，在确定目标顾客的特征之前，我们还要通过各种动机研究技术、逻辑推理方法或心理分析方法等将影响动机实现和形成的所有一般性条件挖掘出来。这些因素主要包括两大方面——消费者的购买力及其自然特征和行为特征。马斯洛的需求层次论，马库列兰德的成就动机论，赫兹伯格的动机保健学说及费路姆的诱发力—期望论等，均从不同角度解释了消费动机。

二、影响旅游消费者购买动机的因素

影响旅游消费者购买动机的因素主要有三大类：旅游消费者个人方面的内在驱动因素、外在影响因素和购买情境因素。消费者个人方面的内在驱动因素主要包括动机、信念与态度、知觉以及人格等心理因素。外在影响因素主要包括文化、年龄与性别、生活方式、参照群体等。购买情境因素主要有该项购买的性质、该消费者在整个旅游活动过程中所扮演的角色。下面重点讲述外在影响因素和购买情境因素。

（一）外在影响因素

1. 文化

文化是一个广泛的概念。从广义上讲，文化是指人类在社会历史实践中创造的物质财富和精神财富的总和。广义的文化与文明同义，它将社会的经济、政治、科技、法律包含在内。狭义的文化是指人类精神活动所创造的成果，如哲学、科学、艺术、道德等。人类行为的大部分是后天习得的。一个人在成长过程中，通过家庭和其他机构的社会化过程学到了一系列基本的价值、知觉、偏好和行为的整体观念。比如，中国的文化传统是仁爱、信义、礼貌、智慧、诚实、忠孝。一个社会的文化通常可以分为两个层次的内容，主文化和亚文化。

文化在社会构成中具有普遍深入的影响力，通过影响社会的各个阶层和家庭，进而影响消费者的心理与行为。每个消费者都生活在一定的社会文化中，其消费心理与行为也必然带有所在社会文化的烙印。世界各民族都在自己特殊的自然环境和社会历史条件下创造了风格各异的民族文化。中国文化是中华民族在东亚这片广袤的土地上创造的一种独特文化。文化是影响消费者的一个非常重要的因素，它影响着消费者的价值观念、生活方式、

消费心理与购买行为。

2. 年龄与性别

年龄是一项常用的市场细分依据。处于不同年龄段的人往往有不同的需要，并且有不同的价值准则。性别也是一项常用的市场细分依据。男性和女性在旅游产品和服务方面的选择往往有不同的观点和价值准则。

3. 生活方式

生活方式是个体在成长过程中，在与社会因素相互作用下表现出来的活动、兴趣和态度模式。生活方式包括个人和家庭两个方面，两者相互影响。从消费者行为研究的角度来看，生活方式是指消费者选择的支配时间和金钱的途径，以及如何通过个人的消费选择来反映价值取向和品位。

1）生活方式的特征

（1）综合性和具体性。生活方式既可以从社会形态的层面上表述为社会生活方式，也可以从不同群体和个人的层面上表述为群体生活方式和个人生活方式。生活方式属于主体范畴，从满足主体自身需要的角度不仅涉及物质生产领域，而且涉及物质生产活动以外人们的日常生活、政治生活、精神生活等更广阔的领域，它是个综合性概念。任何层面和领域的生活方式总是通过个人的具体活动形式、状态和行为特点加以表现的，因此生活方式还具有具体性的特点。

（2）稳定性和变异性。生活方式属于文化现象，在一定的客观条件制约下的生活方式有着自身的独特发展规律。它的活动形式和行为特点具有相对的稳定性和历史的传承性。在人类历史中可以看到这样的现象：一个民族在数千年的发展中虽然相继更替了几种不同的社会经济形态，但是该民族固有的生活方式特点却一直延续下来，成为该民族文化共同体的重要标志之一。生活方式的稳定性使它在发展中往往具有对新的、异体的生活方式的排斥倾向。任何国家或民族的生活方式又必然随着制约它的社会条件的变化或迟或早地发生相应的变迁，这种变迁是整个社会变迁的重要组成部分。生活方式的社会变迁在一般情况下通过渐变的方式，在特定的社会变革时期则通过突变方式，并表现为某种超前性。

（3）社会形态属性和全人类性。一方面，在不同的社会形态中，生活方式具有一定的社会性，在阶级社会中则具有阶级性。另一方面，生活方式又具有非社会形态的全人类性。人的生活方式不仅具有满足社会需要的社会属性，而且具有满足人的生存需要和种族繁衍的自然属性。在同一民族中，不同的阶级、阶层有着共同的语言、地域、经济生活、文化传统，在生活方式上必然形成各阶级、阶层共有的民族性。各国之间的交往，又使人类的生活方式形成共同的规范、准则。生产力和科学技术发展水平的接近，促使各国、各民族在生活方式上具有越来越多的趋同性。

（4）量的规定性和质的规定性。人们的生活离不开一定的物质和精神生活条件、一定的产品和服务的消费，这些构成了生活方式数量方面的规定性，一般可用生活水平指标衡量其发展水平。对于某一社会中人们生活方式特征的描述，离不开对社会成员物质和精神财富利用性质及对满足主体需要的价值大小的测定，表现为生活方式质的方面的规定性，一般可用生活质量的某些指标加以衡量。把生活方式量和质的规定性统一起来，才能完整地把握某一生活方式的范畴属性。

2）生活方式的类型

通过了解不同人群的生活方式，旅游营销者可以预测这些人群外出旅游的动机。下面从不同角度对生活方式进行分类。

（1）按主体的层面分类。生活方式按主体的层面不同可划分为社会生活方式、群体生活方式和个人生活方式。社会生活方式是社会全体成员生活模式的总体特征，如奴隶社会生活方式、封建社会生活方式等。群体生活方式包括各阶级、各阶层、各民族、各职业集团以至于家庭生活方式等庞大体系。个人生活方式从心理特征、价值取向、交往关系，以及个人与社会的关系等角度可分为内向型生活方式和外向型生活方式、奋发型生活方式和颓废型生活方式、自立型生活方式和依附型生活方式等。某一社会的社会生活方式、群体生活方式、个人生活方式分别是该社会中生活方式的一般、特殊和个别的表现形态。

（2）按不同的社区分类。生活方式按不同的社区可分为城市生活方式和农村生活方式。在当今世界上，发达国家的城市人口占很大比重，城市生活方式是绝大多数人口的生活方式。发展中国家的农业人口占很大比重，农村生活方式仍占优势。随着工业化、城市化进程的加快，城市生活方式将在发展中国家得到相应的发展。

4. 参照群体

参照群体是指对个人的行为、态度、价值观等有直接影响的群体，通常包括一个人在日常生活和工作中经常接触的家人、亲友、邻里、同学、同事等。从主动的意义上讲，人们经常会向周围的人征询决策的参考意见；从被动的意义上讲，人们所处的特定社会群体的行为方式会不知不觉地对其产生引导和同化作用。消费者总是购买那些其他人希望他们购买的东西，他们认为这样能够得到其他人的接受、赞同甚至羡慕。许多旅游营销和旅游广告策略都利用群体效应，使旅游消费者信服某个被推荐的旅游产品或旅游服务是受到群体认可的。

参照群体一般可以分为以下四种类型。

（1）成员型参照群体。人们从事各种职业，具有不同的信仰和兴趣爱好，因此分属于不同的社会群体。各种群体具有不同的性质，它们对其成员行为的影响程度也是不同的。

（2）接触型参照群体。人们能够参加的群体数目有限，但是接触各种群体的机会有很多。大多数人都有自己的父母、兄弟、亲戚、朋友、同事、老师、邻居，这些人分属于各种社会群体，人们可以通过他们对各种群体有所接触。接触型参照群体对消费者行为同样会产生一定的影响。例如，父母从事文艺工作或教育工作，子女从小耳濡目染，对商品选择具有一定的艺术鉴赏能力。

（3）向往型参照群体。在参与和接触之外，人们还可以通过各种大众媒介了解各种社会群体。向往型参照群体是指那些与消费者没有任何联系，但是对消费者又有很大吸引力的群体。人们通常会向往某种生活方式，甚至崇拜某个杰出人物，那些对未来充满憧憬的青年人，这种向往的心理尤为明显。当这种向往不能成为现实时，人们往往会通过模仿来满足这种向往心理要求。向往型参照群体对消费者的行为影响是间接的，但是由于这种影响与消费者的内在渴望相一致，因此效果往往很明显。

（4）否认型参照群体。否认型参照群体是指消费者虽然属于某个群体或者与该群体有面对面的接触，但是并不同意该群体的价值观和行为标准，因此往往采取与该群体相反的态度和行为。对于这种群体的某些方面，人们是不赞同或厌恶的，消费者通常不会购买与否认型参照群体典型表征有关的产品，以此表明与这类群体划清界限，不愿与其为伍。例如，在消费上，许多身处社会底层或边缘的人，常常会通过模仿地位比他们更高的群体和阶层的消费行为，来掩盖自己的真实身份。

（二）购买情境因素

1. 消费者购买旅游产品的性质

消费者购买旅游产品的性质可分为以下三类。

（1）高风险性购买。这是指该项购买所涉及的费用很高，并且风险很大。例如，与购买旅途较近的一日游产品相比，购买远程旅游产品有很大的不同。后者不仅开支很大，而且风险程度很高，因而购买者需花较大的精力去收集尽可能多的信息，并且需要在可供选择的同类旅游目的地之间进行认真的比较。

（2）低风险性购买。这是指旅游消费者对自己打算购买的旅游产品已有相当程度的了解，甚至有过亲身体验，因而觉得该项购买基本上不存在风险。在这种情况下，购买之前的信息收集工作会简化很多。

（3）习惯性购买。这是指对于自己经常购买并且开支不大的某些产品或服务，消费者往往会不加思索地做出购买决策。消费者重复购买自己熟悉的某一短期度假产品或一日游产品时大多如此。换言之，旅游消费者在购买这类旅游产品时不需要花费心思去进行评价，做出购买决策主要是基于自己对该产品的了解，或者是基于自己过去使用该产品之后的满意度。

2. 消费者在整个旅游活动过程中所扮演的角色

（1）提议者。提议者提出外出旅游的计划，并负责收集有关的信息。这一角色的扮演者是所有团体旅游成员中率先意识到有必要去满足某一出游意愿的那个人。

（2）影响者。影响者在选择出游目的地方面提供推荐意见，并帮助收集有关信息。这一角色扮演者的意见对该项购买决策会有一定的影响。

（3）决策者。决策者负责拍板决定该项购买。这一角色的扮演者往往是团体旅游成员中的权威人物，如一个家庭中握有家庭财权的人。

（4）购买者。购买者负责出面购买该旅游产品。

（5）使用者。使用者是该项旅游产品的消费者，即参加外出旅游或度假的人。

思政园地

延安杨家岭：传承红色基因，汲取前进力量

延安杨家岭革命旧址是中国共产党中央委员会驻地旧址，位于延安城西北2公里处，为国家5A级景区。杨家岭革命旧址是党中央号召大生产运动的策源地，也是延安整风运动的指导中心。景区内有革命旧址建筑群，革命旧址在革命时期是中国共产党中央委员会的驻地，有着丰富的文化遗存。1938年11月至1947年3月，毛泽东等中央领导和中共中央机关人员在杨家岭居住和办公，此地当时是中共中央机关的所在地。期间，中共中央继续指挥抗日战争敌后战场并领导了解放战争，领导了大生产运动和整风运动，召开了党的"七大"和延安文艺座谈会。

课后，请结合"旅游消费者的需要与购买动机"知识点，为杨家岭革命旧址景区设计一份红色旅游营销推广策划方案，以提升延安杨家岭革命旧址景区的知名度和旅游经济收入。

本章从旅游者的概念及形成条件、旅游者的类型及特征、旅游消费者行为三个方面进行了阐述。旅游者的形成需要主观和客观两个方面条件的支持，客观条件是旅游者形成的前提，主观条件是旅游者形成的根本内因。旅游者的分类有着很多标准。影响旅游消费者购买动机的因素主要有三大类：旅游消费者个人方面的内在驱动因素、外在影响因素和购买情境因素。本章是基础知识介绍章节，其中旅游消费行为部分是学习第五章旅游产品与营销的基础。

一、填空题

1. 罗马会议指出，凡纳入旅游统计中的来访人员统称为_____。它实际上也就是旅游理论研究中所泛称的_____。
2. 决定旅游者需求的客观条件包括_____和_____。除此以外，还有其他影响因素，大致可以分为_____和_____。
3. 著名的心理学家马斯洛提出需要层次理论，人的需要大体可以分为_____、_____、_____、_____和_____。
4. 按外出旅游的目的地归属划分，可以把旅游者分为以下三种类型：_____、_____和_____。

二、简答题

1. 入境（过夜）旅游者不包括哪些人员？
2. 生活方式具有哪些特征？
3. 参照群体可以分为哪些类型？
4. 请联系实际谈谈旅游消费者所处购买情境的不同主要涉及哪些方面？

学习案例

2016年中国徐州汉文化旅游节以"刘邦穿越代言旅游节"为线索首创线上开幕式新形式，以定制互动传播H5为载体，同时延伸帝王系列创意表情包，以大数据精准分析为基础，在腾讯新闻、微信朋友圈等新媒体进行定向传播，极大地推动了徐州汉文化旅游节的传播与口碑发酵，并为后期文创旅游商品开发提供了素材。整个旅游节线上整体曝光量约2亿人次，口碑与传播效果极佳，树立了城市旅游节庆营销新典范。

问题：请结合本案例谈谈你对旅游消费参照群体类型的理解，分析本案例旅游营销成功的原因。

第三章 旅游资源

学习目标

（1）旅游资源的概念、研究内容及旅游资源的类型。
（2）旅游资源调查程序。
（3）旅游资源的评价赋分标准。
（4）旅游资源的开发内容。
（5）旅游资源的保护对策。

课程思政

（1）介绍红色旅游资源，让学生树立弘扬和传承红色精神意识。
（2）通过对中国自然、人文旅游资源进行介绍展示，激发学生爱国主义精神，培养学生旅游审美意识和能力。
（3）引入"两山"理念，解读习近平生态文明思想内涵，让学生树立可持续发展理念。

第一节 旅游资源概述

一、旅游资源的概念

旅游资源是旅游业发展的重要基础，国内外学者对旅游资源的界定各有不同。

在国外，旅游资源被称作旅游吸引物，是指旅游目的地吸引旅游者的各要素的综合。

在我国，随着旅游业的发展和人们对旅游资源认识的加深，"旅游资源"这一名词已被人们所认同，并广泛地得到应用。根据中华人民共和国国家标准《旅游资源分类、调查与评价》的定义，旅游资源是指自然界和人类社会凡能对旅游者产生吸引力，可以为旅游业开发利用，并可产生经济效益、社会效益和环境效益的各种事物和因素。

根据旅游业发展实际，借鉴学界已有观点，本书认为：旅游资源是指凡能够激发旅游者产生旅游动机，并能被旅游开发利用的、能产生经济效益、社会效益和环境效益的各种自然的、人工的事物和现象。

二、旅游资源的研究内容

（一）旅游资源的形成条件

自然旅游资源、人文旅游资源和社会旅游资源，都有自己的形成条件和发展过程。由于各类旅游资源形成的条件不同、所处的时空不同，旅游资源会显示出不同的特点和价值；

因此，我们在对旅游资源进行调查、评价、开发利用和保护时，就必须认真研究各类旅游资源的形成条件和原因。

（二）旅游资源的特点、分类

旅游资源是资源的组成部分。它与其他资源相比，有一些共性，但也有自己独特的个性，如旅游资源具有美学属性，对旅游者具有吸引力。同时，在认识各类旅游资源形成条件、原因的基础上，还要研究各类旅游资源之间的相似性与差异性，从而剖析它们各自的特点。

旅游资源的科学分类是认识和研究旅游资源的前提条件，它有利于旅游资源的开发利用与保护，也是旅游资源学研究的重要方面。

（三）旅游资源调查与评价的基本方法

对旅游资源进行全面系统的、客观的调查，并做出正确评价，是科学进行旅游资源开发与规划的基础。因此旅游资源学要研究旅游资源调查的目的、内容、程序、方法和手段。在对旅游资源进行全面系统调查的基础上，根据旅游资源评价的原则、方法等，对旅游资源进行全面、客观的评价，为编制科学的旅游资源开发规划奠定基础。

（四）旅游资源的开发与保护

旅游资源的开发利用是在对各类旅游资源进行客观、科学、全面、系统的调查与评价基础上进行的。对旅游资源进行科学的开发利用，有利于旅游资源的合理使用和保护，有利于资源所在地旅游业的可持续发展，能更好地体现绿色、开放、包容、可持续的发展理念。因此，旅游资源学要根据旅游资源开发的相关理论，研究旅游资源开发规划的理念、原则、内容、方法等。

同时，旅游资源是旅游业赖以生存与发展的基础。因此，对旅游资源进行科学、有效的保护，是旅游业可持续发展的根本保证。旅游资源学要以可持续发展理论为基础，研究旅游资源的合理开发和可持续利用、生态环境的承载力、造成旅游资源破坏的主要原因及保护对策，加强旅游资源的科学管理，加强生态文明建设，真正实施旅游业可持续发展理念和可持续发展战略。

三、旅游资源的类型

（一）旅游资源分类的概念和目的

1. 分类的概念

旅游资源的分类是根据旅游资源的相似性和差异性将其进行归并或划分出具有一定从属关系的不同等级类别的旅游资源的过程。在所划分出的每一种类别中，其属性上彼此有相似之处，也存在着一定差异。例如，根据成因可把旅游资源区分为自然旅游资源、人文旅游资源两大类，所有的自然旅游资源均为天然赋存的，是自然形成的，而所有的人文旅游资源均是人为作用下形成的，两者之间的成因存在着明显的不同。自然旅游资源与人文旅游资源这两大类，根据各自内部的差异还可进一步划分出次一级资源类型，从而形成具有一定从属关系的不同等级的类别系统。

2. 分类的目的

旅游资源涉及面很广，种类多样，为了更好地认识研究，合理地开发利用和保护旅游资源，科学的分类是一项重要的基础性研究工作。旅游资源的分类具有重要的意义，其目的是对旅游资源进行有效的利用、保护、开发和建设。

首先，旅游资源分类可以使旅游资源条理化、系统化，为进一步开发利用、科学研究提供方便。区域性旅游资源分类系统的建立，可为区域旅游开发提供一定的科学依据。因此旅游资源分类是研究、认识及开发利用旅游资源的重要基础，具有重要的实践意义。

其次，旅游资源的分类过程，实际上是人们加深对旅游资源属性认识的过程。分类总是通过分析大量旅游资源属性的共性或差异性，分出不同级别的从属关系，并通过不断补充新的资料，提出新的分类系统，加深对旅游资源属性的认识，提升理论水平。因此旅游资源分类也具有一定的理论意义。

综上所述，旅游资源分类的目的在于通过各种分类系统的建立、补充，加深对旅游资源整体或区域旅游资源属性的认识，掌握其特点、规律，为旅游资源的进一步开发利用保护及科学研究服务。

（二）旅游资源分类的依据

根据不同的目的，旅游资源可以有多种分类标准和分类方法。由于旅游资源本身的复杂性和范围的广泛性，使得对其类型的划分必须从不同的角度、采用不同的方法进行，常见的标准主要有以下几种。

1. 按照旅游资源自身属性划分

旅游资源的属性是指旅游资源的性质、特点、存在形式、状态等，例如，自然旅游资源中的地质地貌旅游资源、水体旅游资源、气候旅游资源、生物旅游资源等，它们的性状不同，因而可以区分为不同的类别。

2. 按照旅游资源成因划分

旅游资源的成因是指旅游资源形成的基本原因。例如，人文旅游资源是人为的，自然旅游资源是自然界赋存的。天然形成的地貌旅游资源按成因可分为流水作用的旅游地貌、风力作用的旅游地貌、溶蚀作用的旅游地貌等。

3. 按照旅游资源功能划分

旅游资源的功能是指能够满足开展旅游活动需求的作用。有的旅游资源可以满足开展多种旅游活动的需求，因而具有多种旅游功能。根据旅游资源功能的不同可以把旅游资源区分为不同的类别，例如观光游览型、参与体验型、购物型等旅游资源。

4. 按照旅游资源级别划分

根据旅游资源级别的高低和旅游资源价值的大小，中国的旅游资源又可分为国家级、省级和市（县）级三种类型。

5. 按照其他依据划分

根据可持续利用潜力旅游资源可分为：可再生旅游资源和不可再生旅游资源；根据开发状态旅游资源可分为：已开发旅游资源、待开发旅游资源、潜在的旅游资源；以游客的体验性质作为分类标准，如1979年美国德赖弗等将旅游资源分成：原始地区、近原始地区、乡村地区、人类利用集中地区、城市化地区。

第二节 旅游资源的调查、分类与评价

对旅游资源进行广泛而深入的调查是旅游资源开发的基础。对旅游资源的调查和评价，可以为后续的开发工作制定明确的开发目标、拟定恰当的开发时序、突出准确的开发重点和选择合理的开发方式提供可靠的依据。

一、旅游资源的调查

旅游资源调查是按照旅游资源的分类标准对旅游资源单体进行的研究和记录。2017年颁布并实施的国家标准《旅游资源分类、调查与评价》（GB/T 18972—2003）是进行旅游资源调查与评价的科学依据。

（一）旅游资源调查的内容

旅游资源调查的内容主要包括以下几个方面。

1. 旅游资源形成的自然与人文环境条件

调查旅游资源形成的自然与人文环境条件主要是为了了解和掌握调查区域内的基本情况，从而找出资源的整体特色及内在联系。自然环境条件调查包括调查区概况、地质地貌要素、水体要素、气候气象要素、动植物要素等。人文环境调查包括行政归属与区划、历史沿革、人口与居民、经济环境、社会文化环境、政策法规环境调查等。

2. 旅游资源本身

调查旅游资源本身包括了解该地区旅游资源的类型、数量、结构、规模、级别、成因、现场评价等，并提供调查区的旅游资源分布图、照片、录像及其他有关资料。

3. 旅游资源的环境保护状况

旅游资源环境保护状况包括工矿企业、科研医疗、生活服务、仓储等设施的排污、放射性、电磁辐射、噪音及地方性传染资料，还包括水资源、空气质量、土壤中的重要物质或元素等资料。

4. 旅游资源的开发条件

旅游资源的开发条件包括旅游资源所在区域的区位、经济状况、接待条件、交通条件、社会治安、民族团结、风土人情、文化素养、物产情况等。这些旅游资源的开发条件直接影响着区域内旅游资源开发的前景、深度及获取效益的情况。

（二）旅游资源调查的程序

旅游资源调查主要有四个基本程序，即调查准备、资料收集、实地调查、整理统计。

1. 调查准备

调查组成员应做好前期准备工作，主要包括以下几个方面。

（1）收集地理环境和社会经济方面的资料，如大比例尺地图、航片、地质图、农业区划图、土壤调查报告、水文气象资料、地方志、地名志、政府工作报告、统计年鉴等。

（2）了解旅游方面的知识，具备与该调查区旅游环境、旅游资源、旅游开发有关的专业知识。可以根据调查的要求进行技术培训。

（3）准备实地调查所需的设备，如定位仪器、简易测量仪器、影像设备等。

2. 资料收集

资料收集主要是针对调查地点进行全面、细致的资料整理工作，主要包括以下内容。

（1）与旅游资源单体及其赋存环境有关的各类文字描述资料，包括地方志、乡土教材、旅游区与旅游点介绍、规划与专题报告等。

（2）与旅游资源调查区有关的各类图形资料，重点是反映旅游环境与旅游资源的专题地图。

（3）与旅游资源调查区和旅游资源单体有关的各种照片、影像资料。

3. 实地调查

实地调查的程序及方法如下。

（1）确定调查区内的调查小区和调查线路。可将整个调查区分为调查小区，调查小区一般按行政区划分（如省级一级的调查区，可将地区一级的行政区划分为调查小区；县级一级的调查区，可将乡镇一级的行政区划分为调查小区），也可按现有或规划中的旅游区域划分。调查线路按实际要求设置，应贯穿调查区内所有调查小区和主要旅游资源单体所在地。

（2）选定调查对象。宜选定单体旅游资源进行重点调查，如具有旅游开发前景，有明显的经济、社会、文化价值的旅游资源单体，以及集合型旅游资源单体中具有代表性的部分和代表调查区形象的旅游资源单体。

4. 整理统计

（1）资料、照片、视频的整理。将调查过程中获取的全部资料进行复核和分类整理，对所拍视频进行剪接编辑，必要时配以文字说明。

（2）图件的编制和缩绘。野外填绘的各种图件是调查的重要成果之一。整理时应将其与室内复核分析整理过程中的资料、照片和视频进行相互对比、校核，使记录的内容更真实准确、重点突出，最后缩绘成正式的图件。

（3）编写旅游资源调查报告。

小知识

旅游资源详查与旅游资源概查比较（见表3-1）。

表3-1 旅游资源详查与旅游资源概查比较

项 目	旅游资源详查	旅游资源概查
性质	区域性	专题性
目的	为地区旅游开发的综合目的服务，如建立旅游资源综合数据库	为地区旅游开发的一种或少数几种特定目的（如旅游规划、项目设置、资源保护、法规建设、市场推销等）服务
技术支持	国家标准	国家标准或自定调查技术规程
适用范围	适用于区域旅游研究、旅游开发、旅游信息管理等	适用于一种或少数几种单项任务，如研究、旅游规划、旅游资源保护、专项旅游产品开发等
组织方式	专门成立调查组，成员专业组合完备	一般不需要成立专门调查组

续表

项　目	旅游资源详查	旅游资源概查
工作方式	对所有旅游资源进行全面调查，执行调查规定的全部程序	按照调查规定的相关程序运作，按实际需要确定调查对象并实施调查，可简化工作程序
提交文件	标准要求的全部文件、图件	部分有关文件、图件
成果处理	建立区域旅游资源信息库，直接处理、转化为公众成果，为广大社会服务	成果直接为专项任务服务

（资料来源：尹泽生，陈田，牛亚菲，等. 旅游资源调查需要注意的若干问题 [J]. 旅游学刊，2006（1）：15.）

二、旅游资源的分类

旅游资源的分类是根据旅游资源的相似性和差异性进行归并或划分出具有一定从属关系的不同等级类别的工作过程。国内众多学者从不同的角度（如依据形态、成因、旅游功能、旅游活动性质、特定目的等）提出了多种分类方法，但最权威的是中华人民共和国国家标准《旅游资源分类、调查与评价》（GB/T 18972—2017）依据旅游资源的性状划分出的旅游资源基本类型，如表3-2所示。

表3-2　旅游资源基本类型

主　类	亚　类	基本类型	说　明
A 地文景观	AA 自然景观综合体	AAA 山丘型景观	山地丘陵区内可供观光游览的整体景观或个别景观
		AAB 台地型景观	山地形边缘或山间台状可供观光游览的整体景观或个别景观
		AAC 沟谷型景观	沟谷内可供观光游览的整体景观或个体景观
		AAD 滩地型景观	缓平滩地内可供观光游览的整体景观或个别景观
	AB 地质与构造形迹	ABA 断裂景观	地层断裂在地表面形成的景观
		ABB 褶曲景观	地层在各种内力作用下形成的扭曲变形
		ABC 地层剖面	地层中具有科学意义的典型剖面
		ABD 生物化石点	保存在地层中的地质时期的生物遗体、遗骸及活动遗迹的发掘地点
	AC 地表形态	ACA 台丘状地景	台地和丘陵形状的地貌景观
		ACB 峰柱状地景	在山地、丘陵或平地上突出的峰状石体
		ACC 垄岗状地景	构造形迹的控制下长期受溶蚀作用形成的岩溶地貌
		ACD 沟壑与洞穴	由内营力塑造和外营力侵蚀而成的沟谷、劣地，以及在基岩内和岩石表面的天然洞穴
		ACE 奇特与象形山石	形状奇异、拟人状物的山体或石体
		ACF 岩石圈灾变遗迹	岩石圈自然灾害变动所留下的表面痕迹
	AD 自然标记与自然现象	ADA 奇异自然现象	发生在地表一般还没有合理解释的自然界奇特现象
		ADB 自然标志地	标志特殊地理、自然区域的地点
		ADC 垂直自然带	山地自然景观及其自然要素（主要是地貌、气候、植被、土壤）随海拔呈递变规律的现象

续表

主类	亚类	基本类型	说　　明
B 水域景观	BA 河系	BAA 游憩河段	可供观光游览的河流段落
		BAB 瀑布	河流在流经断层、凹陷等地区时垂直从高空跌落的跌水
		BAC 古河道段落	已经消失的历史河道现存段落
	BB 湖沼	BBA 游憩湖区	湖泊水体的观光游览区与段落
		BBB 潭池	四周有岸的小片水域
		BBC 湿地	天然或人工形成的沼泽地等带有静止或流动水体的成片浅水区
	BC 地下水	BCA 泉	地下水的天然露头
		BCB 埋藏水体	埋藏于地下的温度适宜、具有矿物元素的地下热水、热汽
	BD 冰雪地	BDA 积雪地	长时间不融化的降雪堆积面
		BDB 现代冰川	现代冰川存留区域
	BE 海面	BEA 游憩海域	可供观光游憩的海上区域
		BEB 涌潮与击浪现象	海水大潮时潮水涌进景象，以及海浪推进时的击岸现象
		BEC 小型岛礁	出现在江海中的小型明礁或暗礁
C 生物景观	CA 植被景观	CAA 林地	生长在一起的大片树木组成的植物群体
		CAB 独树与丛树	单株或生长在一起的小片树木组成的植物群体
		CAC 草地	以多年生草本植物或小半灌木组成的植物群落构成的地区
		CAD 花卉地	一种或多种花卉组成的群体
	CB 野生动物栖息地	CBA 水生动物栖息地	一种或多种水生动物常年或季节性栖息的地方
		CBB 陆地动物栖息地	一种或多种陆地野生哺乳动物、两栖动物、爬行动物等常年或季节性栖息的地方
		CBC 鸟类栖息地	一种或多种鸟类常年或季节性栖息的地方
		CBD 蝶类栖息地	一种或多种蝶类常年或季节性栖息的地方
D 天象与气候景观	DA 天象景观	DAA 太空景象观察地	观察日、月、星辰、极光等太空现象的地方
		DAB 地表光现象	发生在地面上的天然或人工光现象
	DB 天气与气候现象	DBA 云雾多发区	云雾及雾凇、雨凇出现频率较高的地方
		DBB 极端与特殊气候显示地	易出现极端与特殊气候的地区或地点，如风区、雨区、热区、寒区、旱区等典型地点
		DBC 物候景观	各种植物的发芽、展叶、开花、结实、叶变色、落果等季变现象
E 建筑与设施	EA 人文景观综合体	EAA 社会与商贸活动场所	进行社会交往活动、商业贸易活动的场所
		EAB 军事遗迹与古战场	古时用于战事的场所、建筑物和设施遗存

主类	亚类	基本类型	说　　明
E 建筑与设施	EA 人文景观综合体	EAC 教学科研实验场所	各类学校和教育单位、开展科学研究的机构和从事工程技术实验场所的观光、研究、实习的地方
		EAD 建设工程与生产地	经济开发工程和实体单位,如工厂、矿区、农田、牧场、林场、茶园、养殖场、加工企业以及各类生产部门的生产区域和生产线
		EAE 文化活动场所	进行文化活动、展览、科学技术普及的场所
		EAF 康体游乐休闲度假地	具有康乐、健身、休闲、疗养、度假条件的地方
		EAG 宗教与祭祀活动场所	进行宗教、祭祀、礼仪活动的地方
		EAH 交通运输站	用于运输通行的地面场站等
		EAI 纪念地与纪念活动场所	为纪念故人和开展各种宗教祭祀、礼仪活动的馆室或场地
	EB 实用建筑与核心设施	EBA 特色街区	反映某一时段建筑风貌,或经营专门特色商品和商业服务的街道
		EBB 特性屋舍	具有观赏游览功能的房屋
		EBC 独立厅、室、馆	具有观赏游览功能的景观建筑
		EBD 独立场、所	具有观赏游览功能的文化、体育场馆等空间场所
		EBE 桥梁	跨越河流、山谷、障碍物或其他交通线而修建的架空通道
		EBF 渠道、运河段落	正在运行的人工开凿的水道段落
		EBG 堤坝段落	防水、挡水的构筑物段落
		EBH 港口、渡口与码头	位于江、河、湖、海沿岸进行航运、过渡、商贸、渔业活动的地方
		EBI 洞窟	由水的溶蚀、侵蚀和风蚀作用形成的可进入的地下空洞
		EBJ 陵墓	帝王、诸侯陵寝及领袖先烈的陵墓
		EBK 景观农田	具有一定观光游览功能的农田
		EBL 景观牧场	具有一定观光游览功能的牧场
		EBM 景观林场	具有一定观光游览功能的林场
		EBN 景观养殖场	具有一定观光游览功能的养殖场
		EBO 特色店铺	具有一定观光游览功能的店铺
		EBP 特色市场	具有一定观光游览功能的市场
	EC 景观与小品建筑	ECA 形象标志物	能反映某处旅游形象的标志物
		ECB 观景点	用于景观观赏的场所
		ECC 亭、台、楼、阁	供游客休息、乘凉或观景用的建筑
		ECD 书画作	具有一定知名度的书画作品
		ECE 雕塑	用于美化或纪念而雕刻塑造、具有一定寓意、象征或象形的观赏物和纪念物

续表

主类	亚类	基本类型	说明
E 建筑与设施	EC 景观与小品建筑	ECF 碑碣、碑林、经幢	雕刻记录文字、经文的群体石刻或多角形石柱
		ECG 牌坊牌楼、影壁	为表彰功勋、科第、德政以及忠孝节义所立的建筑物，以及中国传统建筑中用于遮挡视线的墙壁
		ECH 门廊、廊道	门头廊形装饰物，不同于两侧基质的狭长地带
		ECI 塔形建筑	具有纪念、镇物、标明风水和某些实用目的的直立建筑物
		ECJ 景观步道、甬道	用于观光游览行走而砌成的小路
		ECK 花草坪	天然或人造的种满花草的地面
		ECL 水井	用于生活、灌溉的取水设施
		ECM 喷泉	人造的由地下喷射至地面的喷水设备
		ECN 堆石	由石头堆砌或填筑形成的景观
F 历史遗迹	FA 物质类文化遗存	FAA 建筑遗迹	具有地方风格和历史色彩的历史建筑遗存
		FAB 可移动文物	历史上各时代重要实物、艺术品、文献、手稿、图书资料、代表性实物等，分为珍贵文物和一般文物
	FB 非物质类文化遗存	FBA 民间文学艺术	民间对社会生活进行形象的概括而创作的文学艺术作品
		FBB 地方习俗	社会文化中长期形成的风尚、礼节、习惯及禁忌
		FBC 传统服饰装饰	具有地方和民族特色的衣饰
		FBD 传统演艺	民间各种传统表演方式
		FBE 传统医药	当地传统留存的医药制品和治疗方式
		FBF 传统体育赛事	当地定期举行的体育比赛活动
G 旅游购品	GA 农业产品	GAA 种植业产品与制品	具有跨地区声望的当地生产的种植业产品及制品
		GAB 林业产品与制品	具有跨地区声望的当地生产的林业产品及制品
		GAC 畜牧业产品与制品	具有跨地区声望的当地生产的畜牧产品及制品
		GAD 水产品与制品	具有跨地区声望的当地生产的水产品及制品
		GAE 养殖业产品与制品	具有跨地区声望的当地生产的养殖业产品及制品
	GB 工业产品	GBA 日用工业品	具有跨地区声望的当地生产的日用工业品
		GBB 旅游装备产品	具有跨地区声望的当地生产的户外旅游装备和物品
	GC 手工艺品	GCA 文房用品	文房书斋的主要用具
		GCB 织品、染织	纺织及染色印花织物
		GCC 家具	生活、工作或社会实践中供人们坐、卧或支撑与贮存物品的器具
		GCD 陶瓷	由瓷石、高岭土、石英石、莫来石等烧制而成，外表施有玻璃质釉质或彩绘的物器
		GCE 金石雕刻、雕刻制品	用金属、石料或木头等材料雕刻的工艺品
		GCF 金石器	用金属、石料制成的具有观赏价值的器物
		GCG 纸艺和灯艺	以纸材料和灯饰材料为主要材料制成的平面或立体的艺术品
		GCH 画作	具有一定观赏价值的手工画成作品

续表

主 类	亚 类	基本类型	说　明
H 人文活动	HA 人事活动记录	HAA 地方人物	当地历史和现代名人
		HAB 地方事件	当地发生过的历史和现代事件
	HB 岁时节令	HBA 宗教活动与庙会	宗教信徒举行的礼仪活动，以及节日或规定日子里在寺庙附近或既定地点举行的聚会
		HBB 农时节日	当地与农业生产息息相关的传统节日
		HBC 现代节庆	当地定期或不定期的文化、商贸、体育活动等
数量统计			
8 个主类	23 个亚类	110 个基本类型	

三、旅游资源的评价

依据中华人民共和国国家标准《旅游资源分类、调查与评价》（GB/T 18972—2017），旅游资源的评价按照旅游资源分类体系，由调查组采用打分评价方法对旅游资源单体进行评价。

（一）评价体系

依据"旅游资源共有因子综合评价系统"赋分。该系统设"评价项目"和"评价因子"两个层次。评价项目为"资源要素价值""资源影响力""附加值"。其中，"资源要素价值"项目中含"观赏游憩使用价值""历史文化科学艺术价值""珍稀奇特程度""规模、丰度与频率""完整性"5 项评价因子。"资源影响力"项目中含"知名度和影响力""适游期或使用范围"2 项评价因子。"附加值"项目中含"环境保护与环境安全"1 项评价因子。

（二）计分方法

评价项目和评价因子用量值表示。资源要素价值和资源影响力总分值为 100 分，其中，"资源要素价值"为 85 分，包括"观赏游憩使用价值"30 分、"历史文化科学艺术价值"25 分、"珍稀奇特程度"15 分、"规模、丰度与频率"10 分、"完整性"5 分。"资源影响力"为 15 分，包括"知名度和影响力"10 分、"适游期或使用范围"5 分。"附加值"中"环境保护与环境安全"分正分和负分。每一评价因子分为 4 个档次，其因子分值相应分为 4 档。根据对旅游资源单体的评价，得出该单体旅游资源共有综合因子评价赋分值。

旅游资源评价的赋分标准如表 3-3 所示。

表3-3　旅游资源评价的赋分标准

评价项目	评价因子	评价依据	赋　值
资源要素价值（85 分）	观赏游憩使用价值（30 分）	全部或其中一项具有极高的观赏价值、游憩价值、使用价值	30～22
		全部或其中一项具有很高的观赏价值、游憩价值、使用价值	21～13
		全部或其中一项具有较高的观赏价值、游憩价值、使用价值	12～6
		全部或其中一项具有一般的观赏价值、游憩价值、使用价值	5～1

续表

评价项目	评价因子	评价依据	赋值
资源要素价值（85分）	历史文化科学艺术价值（25分）	同时或其中一项具有世界意义的历史价值、文化价值、科学价值、艺术价值	25～20
		同时或其中一项具有全国意义的历史价值、文化价值、科学价值、艺术价值	19～13
		同时或其中一项具有省级意义的历史价值、文化价值、科学价值、艺术价值	12～6
		历史价值、文化价值、科学价值，或艺术价值具有地区意义	5～1
	珍稀奇特程度（15分）	有大量珍稀物种，或景观异常奇特，或此类现象在其他地区罕见	15～13
		有较多珍稀物种，或景观奇特，或此类现象在其他地区很少见	12～9
		有少量珍稀物种，或景观突出，或此类现象在其他地区少见	8～4
		有个别珍稀物种，或景观比较突出，或此类现象在其他地区较多见	3～1
	规模、丰度与频率（10分）	独立型旅游资源单体规模、体量巨大；集合型旅游资源单体结构完美、疏密度优良；自然景象和人文活动周期性发生或频率极高	10～8
		独立型旅游资源单体规模、体量较大；集合型旅游资源单体结构很和谐、疏密度良好；自然景象和人文活动周期性发生或频率很高	7～5
		独立型旅游资源单体规模、体量中等；集合型旅游资源单体结构和谐、疏密度较好；自然景象和人文活动周期性发生或频率较高	4～3
		独立型旅游资源单体规模、体量较小；集合型旅游资源单体结构较和谐、疏密度一般；自然景象和人文活动周期性发生或频率较小	2～1
	完整性（5分）	形态与结构保持完整	5～4
		形态与结构有少量变化，但不明显	3
		形态与结构有明显变化	2
		形态与结构有重大变化	1
资源影响力（15分）	知名度和影响力（10分）	在世界范围内知名，或构成世界承认的名牌	10～8
		在全国范围内知名，或构成全国性的名牌	7～5
		在本省范围内知名，或构成省内的名牌	4～3
		在本地区范围内知名，或构成本地区名牌	2～1
	适游期或使用范围（5分）	适宜游览的日期每年超过300天，或适宜于所有游客使用和参与	5～4
		适宜游览的日期每年超过250天，或适宜于80%左右游客使用和参与	3
		适宜游览的日期超过150天，或适宜于60%左右游客使用和参与	2
		适宜游览的日期每年超过100天，或适宜于40%左右游客使用和参与	1

续表

评价项目	评价因子	评价依据	赋值
附加值	环境保护与环境安全	已受到严重污染，或存在严重安全隐患	−5
		已受到中度污染，或存在明显安全隐患	−4
		已受到轻度污染，或存在一定安全隐患	−3
		已有工程保护措施，环境安全得到保证	3

（三）评价等级

通过旅游资源评价赋分标准进行评价，一级旅游资源，得分值域 30~44 分；二级旅游资源，得分值域 45~59 分；三级旅游资源，得分值域 60~74 分；四级旅游资源，得分值域 75~89 分；五级旅游资源，得分值域 ≥ 90 分。此外，还有未获等级旅游资源，得分 ≤ 29 分。

依据旅游资源单体评价总分，将旅游资源评价划分为五个等级。五级旅游资源称为"特品级旅游资源"；四级、三级旅游资源称为"优良级旅游资源"；二级、一级旅游资源称为"普通级旅游资源"。

第三节 旅游资源的开发与保护

一、旅游资源的开发

（一）旅游资源开发的含义

旅游资源开发是指在旅游资源调查和评价的基础上，以发展旅游业为目的，以市场需求为导向，有组织、有计划地对旅游资源加以利用，发挥、改善和提高旅游资源对旅游者吸引力的综合性技术经济工程。

旅游资源开发不仅涉及旅游资源本身的开发，而且还要对旅游区交通、住宿、餐饮、水电、通信等基础设施和服务设施进行规划和建设，甚至还会涉及管理机构的建立、经营体制、环境保护、人力资源开发等内容。

（二）旅游资源开发的必要性

旅游资源开发是人们为了发挥、改善和提高旅游资源的吸引力而从事的开拓和建设活动。潜在的旅游资源需要经过科学的开发，才能成为吸引旅游者并促进旅游者行动的产品，成为可供旅游者消费的现实的旅游资源。现实的旅游资源也需要进行再生性的旅游开发。旅游产品也是有生命周期的。旅游产品的生命周期，就是旅游产品从无到有，逐渐兴旺，又逐渐衰落，甚至少有人问津的过程，可以把这个周期分为初创期、成长期、成熟期、衰退期。对现实旅游资源开发的目的是巩固或改善和提高旅游资源的吸引力。

（三）旅游资源开发的原则

1. 市场导向原则

市场导向原则是指在开发旅游资源前，一定要进行市场调查和市场预测，准确掌握市场需求及其变化规律，结合旅游资源特色，寻求资源条件与市场需求之间的最佳结合点，确定开发的主题、规模和层次。

坚持市场导向的原则，要求在资源开发前一定要调查旅游市场，在掌握大量准确信息的基础上，做好市场预测。根据旅游市场的规模、结构、层次以及目前的满足程度和未来的发展方向，结合资源自身的优势和特点，对旅游资源开发的秩序、方向、规模及深度等做出科学的决策，最终使所开发的旅游产品不仅能够满足目前旅游市场的需要，而且在一定时期内不会被淘汰。

2. 独特性原则

独特性原则是指某一旅游资源所拥有而其他旅游资源不具备的特征。一般而言，旅游目的地与客源市场的文化差异性越大，能够对旅游者产生的吸引力也越大。因此，在旅游资源开发的过程中，通过恰当的强化和改善手段，使资源的特色得到进一步彰显，有助于提高旅游产品的竞争力。

实践证明，成功的景区景点都是以其独特的性质和特色来吸引游客的。所以，在开发过程中，应把挖掘当地特有的旅游资源作为出发点，突出当地特有的建筑风格、艺术品位、文化情趣、民风民俗等要素，形成鲜明的个性和强烈的吸引力。

3. 体验性原则

体验性原则是指在旅游资源开发过程中要创造更多的空间和机会便于游客自由活动。各种旅游服务设施应采用渗入、延伸或扩大视野等方法设置于旅游资源所处的大环境中，使游客在整个游览娱乐活动过程中有广阔的自主活动空间、主动接触大自然的机会及充分展示自我意识的环境。真正体验人与环境协调统一、和谐相处的感受。

4. 开发与保护协调原则

旅游资源只有经过科学的开发，有了基本的、同环境相协调的接待设施，才能被旅游业所利用。旅游资源是大自然的造化、人类历史的遗存和现代人文艺术的结晶，具有显著的脆弱性，不但会受到自然因素的影响，在被旅游业利用过程中也会遭到耗损和破坏。但过度开发以及此后旅游者的纷至沓来无疑会或多或少地给旅游资源带来不利影响。一部分会自然恢复，但需要很大的人力、物力及较长的时间；另一部分则根本不可能恢复，如山体、洞穴、古生物化石及人文旅游资源中的文物古迹，这些一旦遭到破坏，旅游资源乃至该区域的旅游业将遭受致命性的打击。

因此，必须正确处理旅游资源开发与保护的关系，在开发过程中，要将保护工作放在首要位置，切实加强保护措施。通过开发促进旅游资源的保护，通过保护提高旅游资源的质量，增强旅游资源的吸引力，促进地区旅游业的可持续发展，真正做到"在开发中保护，在保护中开发"。

5. 经济效益、社会效益和环境效益相统一的原则

旅游资源开发的目的是发展旅游业，从而达到解决就业、发展地区经济等目的，即实现一定的经济效益。但经济效益只是旅游资源开发所追求的目标之一，与此同时还要考虑开发活动不能超过社会和环境的承载力，否则会造成资源破坏、环境质量下降、社会治安混乱等负面影响，不利于当地旅游业的持续发展。因此，旅游资源开发必须遵循经济、社会、环境三大效益统一的原则。

(四)旅游资源开发的内容

旅游资源开发的目的是使旅游资源为旅游业所利用,从而使其潜在的资源优势转变成现实的经济优势。因此,旅游资源开发的内容不仅包含旅游资源本身的开发、利用,还包括旅游配套设施建设、相关外部条件的开发与改造、旅游环境的建设等。旅游资源开发的内容具体包括以下四个方面。

1. 开发旅游景区与景点

旅游景区、景点是最核心的旅游吸引物,其利用效果决定着旅游目的地吸引力的大小,故旅游资源开发的重点就是旅游景区、景点的规划设计。对旅游景区与景点进行开发,包括对潜在旅游资源的初创性开发和对已有旅游资源的再生性开发。

潜在的旅游资源一般不具备开展大规模旅游活动的接待能力,要让潜在的优势转化成现实的效益,就必须对其进行改造,以方便开展旅游活动。对潜在旅游资源的开发包括美化旅游资源和改善开展旅游活动的基本条件。美化旅游资源可以通过恰当的措施和技术手段,使旅游资源本身的特点更加鲜明,富有美感,提高对旅游者的吸引力。同时,改善开展旅游活动的基本条件,便于旅游接待的展开。

对已有旅游资源的开发属于再生性开发的范畴。这需要对旅游资源内涵进行进一步发掘,使其功能进一步完善。经过初创性的开发后,旅游资源已经转化成旅游产品,在一定程度上能够满足旅游者的需要。为了能够保持对旅游者的吸引力和对市场的占有率,就必须根据市场需求的变化,结合旅游资源的自身状况,对其进行深度开发,不断推陈出新、完善旅游产品的供给。同时,需要加强旅游资源的保护和旅游设施的维护。随着资源的开发、旅游活动的展开,旅游资源可能会受到损害,旅游设施也会受到不同程度的磨损和破坏,这将影响旅游业的可持续发展。因此,旅游资源的开发还涉及资源保护和旅游设施维修的问题。

2. 增强旅游资源可进入性

旅游活动的展开有一个先决条件:旅游者需要实现从客源地到目的地的空间转移,才可能从事旅游活动。旅游目的地的可进入性如何,是决定目的地旅游资源开发能否成功的一个必要条件。在现代旅游业中,旅游者的出游范围越来越大,远距离旅游已渐成规模,便利、快捷、安全、舒适已成为现代旅游者对旅游交通的基本要求。增强旅游资源的可进入性即实现进出交通的便利、快捷、舒适,是旅游开发首要的基础工作。旅游讲究"旅速游缓"。从出发地到目的地的旅行时间要尽可能缩短,还要尽量做到安全、舒适,降低交通费用在整个旅游消费支出中的比例,这样才使旅游资源所在地成为现实的旅游地有了坚实的基础。

景区内部的交通条件同样重要,通常要求做到"进得来,散得开,出得去",这样不仅可使旅游者来去方便,获得完美的旅游经历,还可使旅游资源的开发者在保障资源品质的同时,获得预期的各项效益。此外,景区内部交通还要根据旅游地客流量的大小,合理安排运营时间和班次。

3. 建设和完善旅游配套设施

旅游配套设施主要包括旅游基础设施和旅游服务设施两个方面。一是完善旅游基础设施建设,基础设施主要是旅游地居民为满足生产生活需要而共同使用的设施,如水、电、热、气的供应系统，废物、废水、废气的排污处理系统，邮电通信系统，安全保卫系统等，它们虽不直接为旅游者服务，但也是旅游企业必不可少的设施。二是完善旅游服务设施建设，服务设施主要是供外来旅游者使用的，一般包括住宿、餐饮、交通及其他服务设施，其中一部分也为当地居民的生活需要提供服务。从旅游供给的角度来看，旅游服务包括商业性的旅游服务和非商业性的旅游服务。前者多指当地旅行社的导游服务、交通部门的客运服务、饭店业的食宿服务、商业部门的购物服务以及其他部门向旅游部门提供的营业性接待服务；后者则包括当地为旅游者提供的旅游问询服务、出入境服务以及当地居民为旅游者提供的其他义务服务。

4. 开发旅游资源市场

旅游资源的开发不仅是简单地开发旅游资源本身，还必须重视市场开拓工作。旅游资源市场开拓工作一方面要将景点建设及旅游活动的设置与旅游需求趋向联系起来，即根据旅游者消费行为特征进行旅游资源开发的具体工作；另一方面要通过多种宣传渠道加强宣传促销，特别是利用好互联网平台，将旅游产品介绍给旅游者，不断开拓市场，扩大客源，实现旅游资源开发的目的。

二、旅游资源的保护

（一）旅游资源保护的含义

旅游资源保护是指人们在开发和利用旅游资源过程中，充分运用各种手段，使旅游资源不受损坏的活动。旅游资源的保护不仅包括旅游资源本身的保护，而且涉及周围环境的保护问题。

（二）旅游资源保护的意义

旅游资源是旅游业存在和发展的基础，如果开发利用得当，可以用之不尽；反之，则会使旅游资源遭受破坏，从而危及旅游业。因此，破坏旅游资源就是破坏旅游业，保护旅游资源就是保护旅游业。旅游资源保护是旅游业持续发展的根本保证。

旅游资源的保护是为了延长旅游资源的生命周期，维护旅游业赖以发展的基础，实现旅游资源的经济和社会价值。如果不加强对旅游资源的保护，必然会造成旅游资源质量下降，削弱其对旅游者的吸引力；或大大缩短旅游资源的生命周期，其价值不但不能充分实现，甚至会导致旅游资源不复存在，使旅游业失去存在的基础。正因为这样，世界各国都极为重视旅游资源的保护。

（三）旅游资源保护的措施

破坏旅游资源的因素主要有两个方面：自然因素所带来的破坏和人为因素所带来的破坏。自然因素主要包括天灾、自然风化、生物原因造成的破坏等。人为因素主要包括因旅游者的不当行为造成的破坏、因当地居民或旅游企业生活、生产造成的破坏等。因此，保护旅游资源不仅要保护好旅游资源本身，而且要保护好旅游资源所依附的生态环境，具体可采取以下措施。

1. 树立旅游资源保护意识

旅游资源是旅游业生存发展的基础，保护旅游资源就是保护旅游业，旅游资源的保护是旅游资源规划与开发的有机组成部分。应树立旅游资源保护意识，将旅游资源保护意识贯穿于旅游资源规划、开发、利用的全过程。

2. 建立旅游资源保护相关制度

对于旅游资源应当采取积极主动的保护措施，遵循以"防"为主、以"治"为辅、防治结合的原则。政府应该运用法律、行政、经济和技术等手段，加强对旅游资源的管理和保护。政府制定各种相关法律法规，使旅游资源的保护做到有法可依；积极引导旅游者保护旅游资源，加强对旅游资源保护的宣传工作；建立健全旅游相关的管理机构；加强旅游规划工作，防止旅游景区超载；对于自然作用所带来的危害，要采取技术措施加以保护。

3. 运用大数据对旅游资源进行管理

充分运用大数据保护旅游资源。通过互联网，借助便携的网络终端，实现对旅游资源的深度挖掘和保护。通过大数据监测，对于那些可能会导致旅游资源受到威胁的旅游活动，应给予一定的限制；对于旅游景区在某些时段内的超负荷运转，应采取有效的措施对游客进行疏导、分流或限制。

思政园地

践行"两山"理念 建设"诗画浙江"

早在2002年，浙江就提出要积极实施可持续发展战略，以建设"绿色浙江"为目标，以建设生态省为主要载体，努力保持人口、资源、环境与经济社会的协调发展。

作为"绿水青山就是金山银山"理念的发源地和率先实践地，浙江依靠科技创新将经济发展与环境保护结合，多年来相继开展"五水共治""千万工程"等生态治理行动，已于2019年率先建成全国首个生态省。

根据《浙江高质量发展建设共同富裕示范区实施方案（2021—2025年）》，浙江正加快打造全域美丽大花园建设的范例，推进生态文明建设先行示范。

稳固生态底色，全域守护绿水青山

通过开展"百矿示范，千矿整治"活动，浙江各地因地制宜修复废弃矿山、重现绿水青山。截至2020年8月，浙江省自然资源厅组织实施乡村全域土地综合整治与生态修复工程，修复了海岸线176公里、废弃矿山506处。

曾几何时，"群众能否下河游泳"一度成为浙江多地检验治水工作的评判标准。从20世纪积极参与治理太湖工程，到近几年实施"五水共治""美丽河湖"等建设行动……保护水域生态的重要性对身为江南水乡的浙江来说不言而喻。浙江省生态监测中心原副主任汪小泉介绍，"十二五"期间，其所在的团队基于太湖流域（浙江片区）治理需要，首次在河网+山区型多水体类型的区域研发了多要素的水环境风险评估和监控预警技术，串联了交接断面、饮用水源地自动监测体系，形成了"自动报警+系统预警+风险评估+动态溯源"的业务化运行的系统水环境风险防控体系。

"近年来，浙江省科技厅重点围绕生态环境治理与资源循环利用、碳达峰碳中和关键共性技术开展科研攻关，着力破解污废水高效处理、固废清洁安全处置等生态环境治理的痛点难点。深入实施'双尖双领'计划，持续加大关键核心技术攻关力度，推进可持续发展创新示范区建设，打造高能级科创平台，不断强化对生态文明建设的科技支撑。浙江生态环保领域的科技成果频出，其中不乏获得国家级、省级科技进步奖项的成果。"

浙江省科技厅社发处负责人表示，守护绿水青山，有赖于科学化精细化的监测、处理手段。

从严防治污染，生态与经济并行不悖

在台州市水处理发展有限公司再生水回用车间，通过监控墙可清楚地看到再生水的各项指标。记者了解到，每天约有10万吨再生水作为生态补水由此排往城市内河。

2019年1月，浙江省《城镇污水处理厂主要水污染排放标准》正式实施。如何通过技术手段促进污水处理厂稳定达标，减污降碳协同、切实削减城镇污水处理厂总氮、总磷排放，成为行业内亟须突破的难题。

随着对"两山"理念的深入践行，浙江省生态环保工作由早期解决突出环境问题向全形态治理、全范围保护和全省域统筹转变，在经济快速增长的同时，逐步完成污水治理、烟粉尘治理等污染治理减排工程，大力实施重污染企业搬迁改造，促成一批批"黑金刚"转变为"绿巨人"。

搭建"四梁八柱"，持续增强制度供给

"两山"理念诞生地湖州安吉，被誉为中国竹乡，87万亩毛竹林是安吉重要的生态屏障与产业资源。然而，由于毛竹价格持续低迷，林农上山砍竹的积极性持续下降，衍生出林地抛荒、竹林退化等问题。

2021年12月，国家林业和草原局等十部门出台《关于加快推进竹产业创新发展的意见》，鼓励地方搭建林竹碳汇交易平台，开展碳汇交易试点。当月，国内首个县级竹林碳汇收储交易平台在安吉落地，旨在以绿色金融改革拓宽"两山"转化通道。

"通过竹林碳汇收储交易，将极大激发农户经营竹林的积极性，把农户、村集体（合作社）、国企、购碳企业、金融机构等紧密串联，推动碳汇收储交易。"安吉县科技局局长朱家胜介绍说。从早期设立生态日到如今的"两山"银行试点，安吉的生态文明建设始终与体制机制创新完善相伴。

开出国内第一张环境污染责任保险保单、出台全国首个省级层面的生态补偿文件、开展全国首个跨省新安江流域水环境补偿试点……放眼全域，浙江多年来以制度创新为内在驱动，持续深化土地、水电气、环境资源、金融、技术等要素配置改革，以改革撬动生态环境治理体系和治理能力现代化。

2021年，浙江在全国省级层面率先出台《浙江省碳达峰碳中和科技创新行动方案》，提出到2025年，初步构建全省绿色低碳技术创新体系，抢占碳达峰碳中和技术制高点。用好科技创新关键变量，率先走出生态优先、绿色低碳的高质量发展之路，浙江步履铿锵。

"聚焦浙江碳达峰碳中和、环境污染防治和生态建设等重大需求和突出问题，需要立足全省生态环境科技创新基础和实际需求，创新科研攻关机制，推动生态环境领域前沿技术研究和产业迭代升级。"浙江省科技厅社发处负责人表示，科技创新要充分发挥在生态环境保护中的核心作用，高质量支持浙江省美丽中国先行示范区建设。

（资料来源：江耘.践行"两山"理论 建设"诗画浙江"[EB/OL].（2022-02-28）[2023-04-12].http://finance.people.com.cn/n1/2022/0228/c1004-32361161.html.）

本章介绍了旅游资源的概念、分类、特点，旅游资源的价值类型及旅游资源评价方法，阐述了旅游资源开发的必要性、主要内容。旅游资源可在科学评价的基础上进行开发。旅游资源的开发必须遵循市场导向性原则、独特性原则、增强游客体验性原则、开发与保护性协调性原则。旅游资源的开发和保护是相辅相成、有机联系在一起的矛盾体。

一、填空题

1. 旅游活动的客体为_____。
2. 根据我国《旅游资源分类、调查与评价》（GB/T 18972—2017），将旅游资源划分为_____个主类，_____个亚类，155 个基本类型。

二、简答题

1. 旅游资源调查的程序有哪些？
2. 旅游资源开发的主要内容包括哪些？
3. 旅游资源的保护措施有哪些？

三、实训题

在教师的指导下，选择离学校较近的一个景区，对照本章表 3-2，辨认旅游资源的主要类型，并考察旅游资源的开发与保护情况。

调查目的：通过实地观察，强化对旅游资源类型的认知，并加深对旅游资源开发与保护的理解。

调查工具：手机、录音笔、访谈提纲、问卷调查表等。

调查要求：5～8 人为一组，分组调查。

调查报告：以小组为单位形成调查报告，字数 1 000～2 000 字。

学习案例

从卖资源到"卖风景"，发展村有了大发展

山与山之间，云遮雾绕群翠点缀；山脚之下，旅游民宿遍地开花。"以前村民们都靠挖矿赚钱，没想到这漫山遍野的翠绿色竟能为大家带来更好的生活。"谈起发展村的变化，四川省雅安市荥经县龙苍沟镇党委副书记韩德弘扬感触良多。

发展村下辖 11 个村民小组，其中有两个村民小组"组名"很新颖——"金山组"和"银山组"。为什么这样"取名"？这里的村民说，因为"绿水青山就是金山银山"。

森林覆盖率达 95% 以上，负氧离子含量极高，坐落于国家级原始森林公园旁边……独具魅力的发展村风景秀丽、景色宜人。但让许多人没想到的是，发展村曾一度面临"找不到出路"的困境。

20 世纪 90 年代初，发展村因得天独厚的自然资源条件，开始兴办煤厂、水电站，算得上是全县的富有村。然而，随着产业结构调整和落后产能相继淘汰，村民面临失业

危机，发展村开始了新的探索。

"我们想到了农家乐，但很多村民习惯了在矿上上班，突然让他们搞农家乐，既没经验也没资金，大家很抵触。"韩德弘扬说，"但是，我们坚决从煤炭资源消耗型产业向生态旅游业转型。"

新的发展模式不受村民待见怎么办？发展村党支部书记李虎林第一个做出了示范。他带头开办全村第一家农家乐，并发动党员参与，挨家挨户上门做宣传。在李虎林的带动下，先后有6名党员开办了农家乐，农家乐集群建设在当地初见雏形，同时也拉开了发展村转型发展的序幕。

看到李虎林的农家乐成功后，越来越多的村民开始接受了这种"卖风景"的赚钱方式。可是，开办农家乐所需的资金从哪里来呢？韩德弘扬说，发展村农村信用社积极对接，寻求低息贷款支持村民开办农家乐。截至2020年，农村信用社为发展村提供低息贷款累计超过2 000万元，大部分农家乐因此受益。

为了守护良好的生态环境，从2007年开始，发展村着手关停矿山、水电站等资源消耗型企业，并大力实施以大熊猫为核心的生物多样性保护工作，建成了全国最大的大熊猫野化放归基地，开展大熊猫野化放归训练，使大熊猫成为当地著名的旅游IP形象。

今年五一假期，由发展村村资公司和荥经县文旅公司合作开发的高端民宿——"108招待社"刚刚开业便被游客预订一空。"这为我们的民宿发展树立了标杆，也让大家看到了希望。以'108招待社'为切入点，我们将引导全村民宿提质升级，给游客营造更加良好的体验。"韩德弘扬说。

目前，发展村的农家乐集群建设已初具规模，二期工程正在加紧建设当中。为形成品牌效应，当地组织成立了旅游发展产业协会，对全村65家民宿进行统一的培训和指导。同时，发展村还积极申报省级财政扶持项目，探索聚合资源、引进资金、增加资产的"三资模式"，力争发展壮大集体经济。

韩德弘扬说："预计到2022年，发展村的集体经济收入将超40万元，村民们发展旅游的决心将更加坚定，动力也会更加充足。"

（资料来源：陈俊成，白骅. 从卖资源到"卖风景"发展村有了大发展 [EB/OL]. （2021-07-22）[2021-07-28]. http://www.ctnews.com.cn/news/content/2021-07/22/content_108590.html.）

问题：结合案例思考，在旅游资源开发过程中，如何兼顾资源保护与资源开发之间的关系？

第四章 旅游业

(1) 理解旅游业与传统产业在划定标准上的差异。
(2) 了解旅游业的定义及构成。
(3) 掌握旅游业的性质、特点。
(4) 掌握旅游业主要经营部门的基本常识。

(1) 通过了解旅游业的构成,强化旅游职业素养。
(2) 了解旅游业发展对当地经济的贡献,激发对旅游事业的热爱。

第一节 旅游业概述

一、旅游业的含义

旅游业是指以旅游者为服务对象,为其旅游活动的开展创造便利条件并提供其所需商品和服务的综合性产业。旅游业的界定标准需要注意两个方面的内容:①旅游业是由一系列相关行业组成的综合性经济产业;②旅游业的中心内容是为旅游者提供直接的服务。

旅游业是连接旅游者(旅游主体)和旅游资源(旅游客体)的重要纽带,集吃、住、行、游、购、娱等服务为一体,具有综合性、经济性、服务性、依赖性、带动性、外向性、季节性、文化性等特点。目前,旅游业已成为世界第一大产业,随着经济的发展和社会的进步,旅游业将越来越壮大,越来越充满生机和活力,因而被誉为"朝阳产业"。

与传统产业相比,旅游业的界定标准存在以下差异。
(1) 旅游业所包含的企业并非都是同类企业,各相关企业的主营业务或主要产品自然也不尽相同。旅游业的界定标准是基于相同的服务对象,而非基于相同的业务或产品。
(2) 在旅游业中,因旅游业务的开展而发生的投入和产出难以清晰测算和确定。
(3) 在旅游业中,绝大多数旅游企业实际上都隶属于某一标准的传统产业。

二、旅游业的构成

(一)"三大支柱"

联合国《国际产业划分标准》将旅游业划为三个组成部分,即旅行社、交通客运部门和以旅馆为代表的住宿业。旅行社、旅游饭店和旅游交通称为现代旅游业的"三大支柱"。

（二）"三大类型"

在旅游企业的经营实践中，通常会依据不同主体与旅游者的关系将其分为以下"三大类型"。

1. 直接旅游企业

直接旅游企业是直接为旅游者提供产品和服务的主体部门，包括住宿业、餐饮业、旅行社业、交通业、游览娱乐业（众多娱乐场所、主题公园、风景区、风景点等）、旅游购物业。直接旅游企业是保证旅游活动顺利进行的基础。

2. 间接旅游企业

间接旅游企业是间接为旅游者提供产品和服务的部门和行业，包括商业、银行业、保险业、海关、公安、邮电通信、文化艺术、卫生教育等。这些相关行业和部门从不同方面、在不同领域支持了旅游活动，为旅游者提供服务。

3. 管理部门

管理部门是指对旅游行业实施领导和管理的机构，包括行政管理组织（各级旅游局）和行业管理组织（如中国旅游协会、中国旅游饭店协会、中国国内旅游协会、中国旅游车船协会等以及各省、直辖市及自治区相应协会）。

（三）"八大部门"

我国旅游业通常被划分为"八大部门"，包括交通运输部门、旅游景点部门、住宿服务部门、餐饮服务部门、旅游纪念品/用品零售部门、娱乐服务部门、旅行社部门、旅游行政机构和旅游行业组织。前六个部门分别为旅游者提供行、游、住、食、购、娱等各项服务。

三、旅游业的特点

（一）综合性的产业

旅游业既包括物质资料生产部门，如农业、工业、建筑业等；又包括一些非物质资料生产部门，如海关、邮电、公安、医疗卫生机构、科技文化教育等。据美国、澳大利亚等国的统计，直接和间接为游客提供服务的工业部门达30余个，涉及108个门类。根据我国《国家旅游及相关产业统计分类（2018）》方案，旅游业涉及的行业部门达65个，具有综合性的特点。

（二）劳动密集型的服务性产业

判定一个企业或行业是否属劳动密集型的标准是其工资成本在其全部营业成本和费用中所占比例的高低。由于旅游业的产品是以提供劳务为主的旅游服务，其产品的提供不存在大量的消耗性原材料成本或者消耗性原材料成本较少，从而使工资成本在全部营业成本和费用中占了较大的比重。正是这一点决定了旅游业劳动密集性的特点。

旅游业属第三产业，即服务业，这是因为旅游业的产品主要是为旅游者提供满足其需要的服务。虽然总体旅游产品中包含有某些有形产品的因素，但就一次完整的旅游活动或旅游经历而言，旅游者对旅游的需求乃是一种为了满足精神上的享受需求。正是由于这一整体性需求，决定了各种旅游企业出售给旅游者的产品在旅游者看来只是对这次旅游经历的"记忆"。因此，从旅游产品总体来看，其价值并不是物化于消费品之中的。

（三）涉外政策较强的产业

任何一个国家的旅游业在开展入出境旅游业务方面，都不能违背本国的对外政策。同很多其他国家的旅游业相比，我国的旅游业在开展入出境旅游业务方面不仅需要遵守我国的对外政策，而且需要执行和体现我国的海外侨务政策和统战政策，需要配合有关改革开放工作宣传的方针政策和我国社会主义建设的伟大成就，因而也是一个政治性较强的行业。

（四）脆弱性的产业

从旅游业内部看，旅游活动的吃、住、行、游、购、娱各个环节联系紧密，一个环节出现问题，就会出现一系列连锁反应，造成整个供给失调。

从旅游业外部看，自然的、政治的、经济的和社会的因素，都可能对旅游业产生影响。所以，旅游业具有较强的敏感性。

四、旅游业的功能

（一）旅游业是旅游产品的主要提供者

旅游业既包括物质资料生产部门，如农业、工业、建筑业等；又包括一些非物质资料生产部门，如海关、邮电、公安、医疗卫生机构、科技文化教育等。旅游学者认为，一个旅游目的地的旅游供给可划分为五大类：即自然旅游资源、旅游基础设施、旅游上层设施、交通运输和文化资源。如果我们把自然旅游资源和文化资源与经营景点联系起来，那么就不难看出，在全部旅游供给中，绝大部分是由旅游业提供的。在现代大众旅游中，旅游活动的完成是需求和供给双方联合作用的结果。如果只有旅游需求而没有旅游供给，大众旅游便不可能存在和发展。因此，旅游业在推动旅游发展方面的供给作用具有十分重要的意义。

（二）旅游业是旅游活动的组织者

旅游业在推动旅游业发展方面发挥积极的组织作用。在供给方面，旅游业根据市场的需求状况，组织一系列的配套产品；在需求方面，旅游业更是通过各种方式为自己的产品组织客源。1845年英国人托马斯·库克创办了世界上第一家专职旅行社，而他本人在1841年包租火车组织的一日游也被认为是旅游业的开端。因此，旅游业自诞生之日起，其组织作用就表现得非常突出，而且正是这种组织作用，才使旅游业从无到有并推动旅游活动的规模化发展。旅游产品的推出和包价旅游的流行，无一不是旅游业发挥组织作用的结果。

（三）旅游业为旅游活动开展提供便利条件

旅游业在推动旅游发展方面的另一贡献是它对旅游活动发挥的便利作用。在旅游发展的早期阶段，完成旅游活动的要素主要由两部分组成：一是旅游活动的主体，即旅游者；二是旅游活动的客体，即旅游资源。在现代旅游中，完成旅游活动的要素已不再只是旅游者和旅游资源，而是将旅游业这一中介体也包括了进来，因为大众旅游的特点之一便是利用旅游业提供的便利服务完成旅游活动。旅游业在客源地与目的地之间以及在旅游动机与旅游目的地实现之间架起了一座便利的桥梁。在已经具备了需求条件的前提下，旅游者不必再为旅游过程中有可能遇到的各种困难问题而担心,他们的旅行以及在旅游目的地期间的生活和活动都可由有关的旅游企业为其做出安排。在旅游业的这种便利作用的刺激下,旅游活动的规模越来越大,并且使人们外出旅游的距离也越来越远。可以肯定,现代旅游活动发展到今天的规模,同旅游业提供的便利条件是分不开的。

第二节 旅游业的构成

一、旅行社

(一)定义

根据我国 2020 年 11 月 29 日修订的《旅行社管理条例》,旅行社业务是指以营利为目的,预先或者按照旅游者的要求安排行程,提供或者通过履行辅助人提供交通、住宿、餐饮、游览、娱乐、导游或者领队等两项以上旅游服务,并以总价销售的活动。旅行社把交通、食宿、景点和服务等组成一条线路或项目,是中介性旅游企业,在旅游企业之间扮演着联络和协调的角色。旅行社业务经营范围包括招徕、组织、接待境内旅游和入境旅游、出境旅游、边境旅游。出境旅游分为出国和赴港澳旅游、赴台旅游。

(二)旅行社分类

1. 中国旅行社的分类

1985 年《旅行社管理暂行条例》将我国旅行社分成三大类:即一类社、二类社、三类社,其中一类社是指经营对外招徕,并接待外国人、华人、华侨或港澳台同胞来中国或内地旅游业务的旅行社;二类社是指不对外招徕,只经营接待第一类旅行社或其他涉外部门组织的外国人、华人、华侨或港澳台同胞来中国或内地旅游业务的旅行社;三类社是指经营中国公民国内旅游业务的旅行社。

1996 年颁布的《旅行社管理条例》将旅行社分为两大类:即国际旅行社、国内旅行社。2009 年 5 月 1 日开始实施的新《旅行社条例》根据是否可以经营出境旅游业务,将我国旅行社分为两大类:一类是可以经营国内业务和入境业务的旅行社;另一类是可经营国内业务、入境业务和出境业务的旅行社。

2. 西方国家旅行社的分类

西方国家旅行社的分类主要有"二分法"和"三分法"。"二分法"是指人们按照旅行社业务范围将旅行社划分为旅游批发经营者和旅游零售商两类。"三分法"是指按业务范围划分为旅游经营商、旅游批发商和旅游零售商三类。这种分类的实质是在市场机制的作用下,各旅行社根据自身的规模、实力、内部结构及市场需求与竞争状况,自动形成了专业化分工,从设计、生产到销售旅游产品,各司其职。

(三)旅行社的主要业务

1. 外联和采购

向旅游区、饭店、餐馆、娱乐部门、交通部门和保险公司等各有关旅游企业和机构进行批量集中采购,通过设计组合,向旅游者销售旅游产品。旅行社只有开展广泛的外联业务，与各有关人员和机构建立联系，才可能获得更多信息，在采购业务和组合产品方面取得优势。

2. 组合和设计旅游产品

根据游客需要（旅游线路的距离、费用、时间以及产品的丰富性、独特性，游客体力/财力能否接受等）设计旅游线路，将"零部件"进行有机组合，形成整体旅游产品（在形式上表现为一条旅游线路）。

3. 营销宣传和信息服务

针对潜在的旅游市场，开展宣传促销，激发旅游兴趣，促使潜在旅游者成为现实的旅游者。

4. 代办旅行手续

为旅游者代办诸如办理护照、签证、订票、订车、订房、订餐、办理旅行保险、保管和托运行李等烦琐手续。

5. 提供接待服务

接待服务是派出专职陪同人员以保障游客旅游活动的正常开展，如给予导游服务，或者与地接旅行社接洽，与相关旅游企业接头，将采购的旅游产品传递给旅游者，确保旅游者按合同获得相应服务。在旅游结束时，还要做好售后服务，回访旅游者，征询旅游者意见，处理旅游者的投诉等。

二、饭店业

（一）饭店的定义及发展历史

饭店是指以有形的建筑空间、设施为依托，为旅游者等社会公众提供住宿、餐饮、购物和娱乐等综合性服务的企业。饭店按不同习惯也被称为旅馆、旅店、旅社、酒店、宾馆、宾舍、招待所、度假村、俱乐部、大厦、中心等，服务对象是社会公众，主要是外出进行旅游活动的旅游者。旅游饭店的水平代表着一个国家或地区旅游业发展的程度。

（二）饭店等级的划分

饭店等级反映了饭店的豪华程度、设备设施水平、服务内容和质量。旅游者从饭店的等级可了解其硬件和软件的状况，从而可有目的地选择适合自己需要的饭店。不同等级的饭店实际上满足了不同层次的旅游者的需求。为了便于饭店推销商、旅游机构进行推销，便于对不同性质的饭店进行比较，保护饭店及住店客人的利益，国际性饭店组织从20世纪60年代开始，相继对饭店进行分等论级。

1. 国际饭店等级划分

国际上对饭店等级的评估指标主要有以下五个方面。

（1）设施设备，包括建筑及场地的客用功能、设施设备的综合质量、信息传递功能、维修保养功能。

（2）服务项目及质量。

（3）餐饮提供。

（4）卫生保障。

（5）宾客意见。

2. 国内饭店等级划分

我国 1988 年制定《中华人民共和国评定旅游涉外饭店星级的规范和标准》，1993 年国家技术监督局以中华人民共和国国家标准的形式颁布。此标准于 1997 年、2003 年、2010 年进行了修订。我国星级饭店等级划分的评估指标主要有五个方面：饭店星级划分条件、设施设备评定标准、设施设备的维修保养及清洁卫生评定标准、服务质量评定标准、宾客意见评定标准。

（三）饭店连锁集团

饭店连锁集团是指以经营饭店为主的联合经营的经济实体，它在本国或世界各地以直接或间接形式控制多个饭店，它是以相同的店名和店标、统一的经营程序、同样的服务标准和管理风格与水准进行联合经营的企业集团。

1. 饭店连锁集团的经营特点

（1）品牌识别：饭店连锁集团通常拥有强大的品牌识别能力，这有助于提高客户忠诚度和吸引新客户。

（2）统一标准：饭店连锁集团的分店在服务质量、环境、菜品等方面具有统一的标准，确保客户在任何一个分店都能获得相似的体验。

（3）集中采购：通过集中采购原材料和设备，饭店连锁集团可以降低成本，提高采购效率。

（4）规模经济：连锁集团通过规模扩张，可以降低运营成本、提高利润，并优化资源配置。

（5）快速扩张：饭店连锁集团通过加盟、合作等方式，能够快速扩张其业务范围和市场份额。

2. 饭店连锁集团的经营优势

（1）品牌优势。饭店连锁集团统一使用的商标和标识向宾客承诺了某种预期的服务质量，使消费者能够提前预知该集团的服务。特别是当旅游者在一个陌生的环境中消费时，标识和品牌能在很大程度上使其消费者尽快树立对产品和服务的信心。

（2）规模经济优势。首先，集团的规模大、资金实力比较雄厚；其次，在确实因需要开发某些重大项目而一时面临资金短缺时，集团有条件在本集团成员间调动和聚集资金，以适应这些开发项目的资金需要；最后，集团统一进行大批量的材料采购，能大幅降低采购成本。

（3）人力资源优势。饭店连锁集团在人力资源方面的优势主要表现在员工的教育培训上，集团能够按相关标准对员工进行严格要求。另外，集团人力资源部门可以在全世界范围内招聘、考评各级员工，并为他们制订工资福利计划，建立能力和绩效档案以及职业生涯发展计划。同时，集团的不断扩张也为员工个人发展提供了广阔的空间。

（4）市场营销优势。饭店连锁集团一般规模大，经营较为成功，因而在市场上享有较高的声誉，在公众心目中留下深刻的印象。参加了饭店连锁集团就可以使用集团的名称和店标，这对宣传广告极为有利。同时，饭店连锁集团都有较为先进的客房预订系统，配备高效率的计算机中心和直通订房电话，可以为集团成员饭店处理客房预订业务并在各饭店间互荐客源。饭店连锁集团在各地区的销售办公室和精明的销售队伍，不仅向各饭店及时提供市场信息，而且在各大市场为各饭店招徕团队和会议业务，有利于饭店开发国际市场。

三、旅游交通

（一）旅游交通的含义

旅游交通是指旅游者通过某种手段或方式，实现从一个地点到达另一个地点的空间转移过程。旅游交通业是指凭借运输、通信工具和交通线路，促使旅游者和旅游信息实现空间位移的物质生产部门。

现代旅游交通包括交通路线、运输工具、交通通信设备、交通管理等四个方面的内容。旅游交通既包括旅游者的常住地和旅游目的地之间的往返过程，也包括旅游目的地之间、同一旅游目的地内各旅游景点之间的移动过程。交通业是一个国家（地区）旅游接待能力的重要组成因素。

（二）旅游交通的构成

旅游交通是一个复杂的系统，由"三个硬件"和"一个软件"组成。

1. "三个硬件"

（1）旅游交通线路。旅游交通线路是供旅游交通工具行驶的载体，如公路、铁路、索道、运河、河流、湖泊、海上航线和航空线路等。

（2）旅游交通运载工具。现代旅游交通运载工具包括民用飞机、火车、地铁、汽车、电车和轮船等；传统旅游交通运载工具包括自行车、人力车、马车、帆船、雪橇、滑竿和轿子等；特殊旅游交通运载工具有汽艇、滑翔机、索道缆车等。

（3）旅游交通站点及辅助设施。旅游交通站点是旅游交通运输工具的停靠点，如飞机场、火车站、汽车站和码头等，还有辅助设施，如导航灯。

2. "一个软件"

"一个软件"即旅游交通软件系统，它是计划、指挥、调度和监控交通运输的管理系统，是由管理者、信息通信系统、制度规范等有机构成的整体。

（三）旅游交通的类型

1. 公路交通（交通工具：汽车）

公路交通主要优点包括：灵活方便、行动自由、交通费用相对较低、可直达旅游点、能随时停留、便于携带行李、便于观赏沿途风光等。缺点是能耗大、安全系数低、不适用于长途旅行，会造成拥挤和污染等问题。

2. 航空交通（交通工具：飞机）

航空交通主要优点包括：速度快，舒适安全。不足之处是票价高，运载量小，受天气影响较大，只能完成点到点的旅行，能耗较大。

3. 铁路交通（交通工具：火车）

铁路交通主要优点包括：运力大、票价低、安全性高、不会受到交通堵塞问题的干扰，受气候等自然条件影响也较小，车内活动自由，可沿途观赏风景，人均能耗低、污染小等。不足之处是速度慢，旅行时间长，客人容易疲劳。

4. 水路交通（交通工具：轮船）

水路客运业务主要可划分为四种，即海上远程定期班轮服务、海上短程渡轮服务、游船服务和内河客运服务。水路交通主要优点包括：客运能力大、运输成本低、票价便宜、环境舒适、悠闲。不足之处是速度慢、灵活性差，易受气候、水文等自然因素影响和限制。

5. 特种旅游交通

特种旅游交通包括缆车、畜力（牛、马、驴、骆驼或畜力车，马、狗等拉的雪橇）、人力（自行车、三轮车、手划船）、风力（帆船、热气球）。

（四）旅游交通的作用

1. 旅游交通是旅游业产生和发展的前提条件

旅游业的产生和发展与交通的发展是紧密联系在一起的，交通是实现旅游活动不可缺少的手段。没有交通工具的不断改进和完善，没有交通线路的开辟，旅游业就难以生存和发展。反过来，旅游业的兴旺发达对旅游交通的发展起着巨大的推动作用。旅游交通运输的现代化提高了运载能力，加快了旅行的速度，节省了旅途时间和费用，扩大了旅游者的空间活动范围，进而直接影响着旅游活动的规模、形式和内容。可以说，旅游交通是旅游业的"生命线"。

2. 旅游交通是旅游者完成旅游活动的基础

旅游业是依赖旅游者来访而存在和发展的企业。旅游者外出旅游，要解决从定居地到旅游目的地及其景点、酒店等场所的空间转移问题，没有旅游交通，这种转移就不可能实现。有了旅游交通，旅游者才能"进得来、散得开、出得去"，旅游者的旅游活动才能得以顺利进行。解决不了旅游交通问题，旅游服务、设施和资源就会出现闲置和浪费，从而严重制约旅游业的发展。

3. 旅游交通是旅游目的地的经济命脉

旅游交通费是基础性旅游消费，是旅游者在旅游消费活动中必需的、基本稳定的支出，它是整个旅游活动中各种花费的重要组成部分。据统计，旅游者总花销的20%~40%用于旅游交通方面。从旅游经营角度讲，旅游交通是旅游经济收入的基本来源和重要组成。

4. 旅游交通是旅游活动的重要形式

现代旅游的发展使旅游交通也成为旅游活动的重要内容，乘坐不同的交通工具可以领略到不同的风光，获得不同的享受。旅游交通的发展不仅把风景与客源市场联通起来，而且使旅游者从乘坐交通工具外出到达旅游目的地的过程，已经属于旅游活动的一部分内容了。人们领略沿路的风光美景，与其他乘客交谈，都属于旅游活动的内容。不少旅游交通工具极富特色，如充满传奇色彩的东方列车，颇具地域文化的乌篷船、木筏、竹排、滑竿、带有民族风情的羊皮筏，洋溢现代气息的热气球、水翼船、豪华游轮等，这些交通工具对旅游者能产生很大吸引力。有的旅游项目本身就是乘坐交通工具的欣赏活动，如游江、游湖、游览野生动物园、骑马爬山、骑骆驼穿越沙漠等。

四、旅游景点

（一）旅游景点的定义

旅游景点是具有美学、科学、观赏、游览和历史价值的各类自然景观和人文景观的空间载体，能够激发人们的旅游兴趣和旅游需求，为人们提供参观、游览、度假、康乐、科研等产品和服务的区域。中华人民共和国国家标准《旅游区（点）质量等级的划分与评定》（GB/T 17775—2003）中关于旅游区（点）的定义为经县以上（含县级）行政管理部门批准设立，有统一管理机构，范围明确，具有参观、游览、度假、康乐、求知等功能，并提供相应旅游服务设施的独立单位。

（二）旅游景点在旅游业中的地位

旅游景点往往是展现当地旅游资源精华的场所，是旅游业发展的基础。就旅游消费者行为而言，人们对交通、住宿、饮食等方面的需求属于派生性需求，对旅游者的来访起着一种支持或保证的作用。相比之下，景点产品对旅游者的来访则起着一种激发或吸引的作用，是诱导人们外出旅游的先决条件，人们对景区产品的需求构成了根本性需求。正是在这个意义上，同旅游业中其他行业的服务产品相比较，景区产品在目的地旅游业整体产品构成中居于中心的地位，是旅游业创收的重要支柱之一。

（三）旅游景点的类别

旅游景点可分为以下几种类别。

（1）按照其设立性质，分为纯商业性的旅游景点和公益性的旅游景点。

（2）按照景点所依赖的吸引因素的形成原因，分为自然旅游景点和人造（或人文）旅游景点。

（3）按其展示内容的多寡，分为单一性的旅游景点和集合性的旅游景点。

（4）按照景点的内容和表现形式进行类别划分是中外最为常见的做法。根据这类标准，旅游景点主要包括以下几种主要类别。

古代遗迹（ancient monument），是指挖掘出土和加以保护的古迹，例如古城防建筑、古墓葬等。

历史建筑（historic building），是指以历史上遗留下来的各种建筑物为主要游览内容而设立的旅游景点。

博物馆（museum），可分为两大类：一类是以特定收藏品为展示内容的博物馆；另一类是以特定场址为展示内容的博物馆。另外，博物馆乎可按其收藏品来源范围进行划分，例如国家博物馆、地区博物馆、地方博物馆。

美术馆（art gallery），多以收藏和展览历史或传统美术作品为主。

公园和花园（park and garden），是指以具有特色的自然环境和植物景观为主要内容的旅游景点，例如国家公园、自然保护区、著名的花园和园林等。

野生动物园区（wildlife attraction），是指以观赏野生动物为主要活动内容的旅游景点，例如动物园、水族馆、观鸟园、天然动物园、蝴蝶庄园等。

主题公园（theme park），多为以某一中心主题为基调而兴建的大型人造游览娱乐园区，以美国佛罗里达州的迪士尼世界最为著名。我国北京的世界公园、深圳的世界之窗和锦绣中华等旅游景点都属此类。

早期产业旧址（industrial archeology site），是指那些在已经遗弃的早期产业旧址基础上开发形成的参观景点，其主要作用是使参观者了解当地早期的社会生产和技术状况。例如早期的采矿业、铁路运输业以及运河码头等旧址。

五、旅游产品

（一）旅游产品的概念

旅游产品又称旅游服务产品，是指由实物和服务构成，包括旅行商集合景点、交通、食宿、娱乐等设施设备、项目及相应服务出售给旅游者的旅游线路类产品，旅游景区、旅游饭店等单个企业提供给旅游者的活动项目类产品。具有综合性、无形性、生产与消费同时性、不可贮存性、所有权不可转移性等特点。

（二）旅游产品开发

1. 旅游产品开发的可行性研究

旅游产品在开发之前或规划过程中，要经过一番有关经济价值和社会、环境效应等方面的先期分析，这便是旅游产品开发的可行性研究。按其工作内容和步骤可分为以下几项。

（1）机会可行性研究。其主要任务是为旅游产品开发项目的投资方向提出建议，主要包括以下内容。

① 旅游产品开发项目所在地区和相关地区的概况。
② 旅游产品的目前需求量和未来需求变化趋势。
③ 对旅游产品开发项目投资进行概算。

（2）初步可行性研究。该阶段研究的目的是进一步判断和分析旅游产业投资开发的前景，要解决的主要问题包括以下内容。

① 已鉴别出的投资机会是否有希望。
② 是否应进行后续的技术经济的可行性研究。
③ 有哪些关键问题需要另做进一步的专题性或辅助性研究。

（3）技术经济的可行性研究。这个阶段是旅游产品投资决策的基本依据，其研究要满足以下几项要求。

① 可作为进行旅游产品开发决策的依据。
② 可作为向政府申请开发建设执照和同有关部门、单位签订协议、合同的依据。
③ 可作为向银行申请贷款的依据。
④ 可作为下一阶段工程设计的依据。

（4）综合评价决策。这是形成可行性研究结果报告阶段，旨在向投资者提供决策文件。在综合研究报告中，不仅要对旅游产品开发的可行性进行综合的评价，形成明确结论，而且还要对产品开发后的社会文化影响和环境影响予以阐述。

2. 旅游产品开发导向

旅游产品开发导向是指在开发旅游产品时对产品的性质、类型、质量、特征（或风格）等综合构成要素的确定应以什么作为基础，或者说，开发者的基本思路、立足点是什么的问题。我国旅游产品开发导向基本上经历了两个阶段：资源导向阶段和市场导向阶段。目前正由资源导向阶段向市场导向阶段过渡。

第三节 旅游产业数字化转型

一、旅游产业数字化转型的现状

旅游产业数字化转型是一个充满机遇和挑战的过程。新技术的应用为旅游产业带来了革新，也对企业投入、信息共享和人才培养等方面提出了新的要求。旅游产业应积极应对这些挑战，把握数字化转型的发展趋势，为游客提供更优质的旅游体验。

（一）新技术在旅游产业的应用

旅游产业正在大量采用新技术，如人工智能、大数据、物联网、虚拟现实和增强现实等。这些技术的应用为游客提供了智能导航、个性化推荐、沉浸式体验等创新服务，也提高了旅游企业的运营效率。例如，智能导航与推荐系统可以利用大数据、人工智能和机器学习技术，为游客提供个性化的旅游路线规划和推荐服务。这些系统根据游客的兴趣爱好、预算和时间等因素，为他们推荐合适的旅游景点、活动和住宿。通过虚拟现实（VR）和增强现实（AR）技术旅游景区可以为游客提供沉浸式的旅游体验。这些技术可以让游客在实际参观景点之前，先体验景区的全景，增强游客的参与感和旅游体验。

（二）旅游产业信息共享融合

旅游业信息共享融合是指将各种与旅游相关的信息资源整合到一个统一的平台上，以便于旅行者和旅游服务提供商之间的信息交流和协同工作。这种信息共享和融合有助于提高旅游业的服务质量和效率，为游客提供更好的旅行体验。数字化转型促使旅游行业实现信息共享，为各种旅游业务提供了更好的支持。例如，通过共享平台，各旅游企业可以实时获取游客需求、旅游资源和市场动态等信息，从而进行更精准的市场定位和产品策划。

二、旅游企业数字化转型面临的问题

随着数字经济发展，传统旅游企业同样希望通过数字化转型来寻求新的发展契机。消费行为的变化，让旅游企业加速意识到数字化转型的重要性，涌现出了一批新兴数字化项目。但旅游业作为劳动力密集型传统产业，前期科技储备较弱，业务与科技关联度较低，虽大量投入数字化转型项目，但在实际落地过程中还面临一些问题。

（一）新技术在旅游场景的应用还不充分

旅游业并不是技术研发的主要阵地，旅游业的数字化主要是通过引入人工智能、大数据、VR/AR等技术辅助旅游产品规划开发，以此来促进旅游消费。但现实中，技术与场景应用仍然存在着信息不对称的情况。因此，如何有效利用数字化转型的契机，使技术与旅游应用场景有机结合，避免陷入只重视技术投入而忽视旅游产品核心竞争力的误区，是旅游业数字化进程中亟待解决的问题。

（二）多业务板块难以实现信息共享融合

旅游行业包含旅行服务、酒店、交通、旅游零售等多种业务类型，大部分旅游企业会涉及两种以上业务。各业务板块间商业模式与运作逻辑存在一定差异，收集数据资源的侧重点也有所不同，不同下属公司之间的数据管理系统也存在差别，因此要统筹内部资源，实现各业务板块之间的信息共享和数据融合存在一定困难。

（三）数字化转型成本收益难以平衡

数字化转型是一项长期的、持续不断的工作，存在周期长、资金投入需求大且回报难以预期等问题。因前期基础薄弱，进行数字化转型时需要投入更多资金与人力，旅游企业大部分利润较薄，如何在数字化转型周期内平衡成本与收益，兼顾好当下与长期的效益是一个难点。

（四）旅游业数字化人才缺口较大

随着企业数字化转型的持续深入，企业对数字化人才的需求也出现爆发式增长，而旅游企业所需的人才不仅要精通数字技术，同时还需要通晓旅游业行业情况。但在实践中，此类人才严重缺乏，导致业务和技术两层皮，数字化转型难以落地。

三、旅游企业数字化转型的对策

（一）加强政府引导，建立和完善旅游科技创新生态体系

行业主管部门应及时总结旅游企业数字化转型的问题和经验，出台具有针对性的指导意见，研究建立旅游企业数字化实施标准，为企业数字化转型提供支持。同时，通过搭建旅游企业和科技企业的平台，以市场开拓、项目开发为重点，促进双方交流与合作，推动旅游业与新基建、数字技术等实现融合。重点加强旅游科技创新领域技术、经验、数据的积累、整合与分享，建立数据资源开放共享机制。

（二）完善融资渠道，缓解旅游企业转型的资金压力

通过设立文化和旅游科技创新专项基金，鼓励旅游企业加大研发投入和项目建设力度。积极引导金融机构为旅游企业数字化转型提供优惠利率贷款，缓解旅游企业数字化转型融资困难。向旅游企业提供数字化改造的专项税收优惠，通过财政补贴等手段加速人工智能、AR/VR 等新技术在旅游企业中落地。

（三）开展旅游企业数字化转型示范工程

建议以重点企业为扶持对象，建立旅游企业数字化转型样板，对如何平衡效益、如何形成可落地的方案进行归纳性总结，探索可推广的模式。积极鼓励大型科技企业开发适合旅游企业的通用型数字化和智能化服务，为旅游企业转型提供可供参考的模式和技术样本。

（四）加快培养旅游业数字化人才，完善人才培育机制

探索建立旅游业多层次人才培养计划，面向全球招聘高端人才，吸引具有技术背景的跨界人才，实现人才多元化建设。进一步优化旅游业人才培训机制，在传统课程体系中引入数字化转型内容，培养复合型人才。

小知识

中医药康养旅游产品

依托中医药产业，推动健康养生、休闲度假等特色康养旅游产品。近日，黑龙江省政府印发《黑龙江省全域旅游发展总体规划（2020—2030 年）》，明确将黑龙江省打造成为中国北方中医药养生旅游目的地，要发展新型康养旅游产品，包括中医药康复理

疗、中医药养生保健、中医药文化体验、药膳食疗、传统文化养生、医疗旅游、康复度假、健康驿站等新型康养旅游产品。研发和推广针对银发旅游市场的战略性旅游产品，专门针对中老年游客需求和兴趣创新设计新的战略性旅游项目。大力培育中医药健康旅游项目、基地，促进中医药健康旅游与现有景区景点融合发展，增加黑龙江省旅游新的营销点。借鉴国际康养旅游最高标准，制定黑龙江省康养旅游相关标准及规范。吸引投资升级康养旅游相关设施。此外，在重点康养旅游区推广健康护照计划。在全球重点旅游市场推出"银发旅游""康养旅游""中医药健康旅游"产品套餐和举办"银发之旅"推广活动。出台鼓励各类康养旅游科研、教育机构落户黑龙江省，强化康养旅游营销活动，包括研究举办国际第三年龄大学联盟大会、中医药健康旅游国际合作峰会等。

（资料来源：方碧陶. 黑龙江省将打造中国北方中医药养生旅游目的地 [J]. 中医药管理杂志，2020，28（17）：164.）

思政园地

推动旅游业数字化转型　提升学生创新意识

随着我国经济的转型升级，数字经济提振加速，驱动了多产业融合升级，也成为助力旅游全产业链发展新的突破口，"数字科技旅游"融合发展也将成为旅游产业新的发展趋势。通过数字经济，可以前所未有地增加旅游项目和内容，并带来旅游的全新体验。

一、以政策大力推动旅游产业数字化转型

数字经济可以拓宽旅游产业的广度和深度，丰富和创新旅游体验。基于物联网、5G、VR、AR等数字科技手段，整合有形资源与无形资源，连接现实场景与虚拟场景，实现本地空间与异地空间的融合，实现一景多看、旧景新看、古景今看，创造旅游新场景、新体验、新业态、新商机，从而提高产业自身的韧性。

国家旅游主管部门可以就"数字旅游"进行全方位的顶层设计，扩大专项基金推动企业进行数字旅游项目、产品的开发，进行数字旅游景区建设，组建旅游业数字化联盟，推动旅游产业数字化平台建设，构建数字化场景服务能力，推动旅游产业实现全方位、全角度、全链条的数字化。国家教育主管部门和旅游主管部门采用"产学研一体化"模式协同培育旅游产业领域的数字化人才，依托优秀的旅游实践项目，提升数字旅游人才的实践管理能力和协调沟通能力。特别是，旅游部门要引导传统旅游景区、景点开展数字化建设，对利用开展数字旅游项目的优秀企业给予政策和资金扶持，让旅游产业与时俱进，满足人们日益增长的旅游新需求。

二、运用数字技术形成全国旅游用工交换市场，改变传统用工形式

大部分传统旅游企业存在淡旺季，导致旺季用工紧缺，淡季用工过剩，运用数字技术，形成全国旅游用工交换市场，改变传统用工形式。针对传统旅游产业面临淡旺季用工需求差异大等现实困境，建议建立全国性的线上旅游企业用工交流平台，用基于互联网平台的社会化用工模式摆脱传统淡旺季用工困境，突破本地就业的限制。建立起线上线下相结合的灵活用工机制，对各旅游企业用工淡旺季进行跨地域调配，充分利用数字平台进行统筹协调。

三、搭建全国旅游行业诚信系统

推动游客、企业、政府三方共赢的数字化诚信体系建设。实现端到端的投诉服务体系，集成服务信息，简化投诉流程，准确定位投诉事件归属部门，打造以游客为中心的全国化全程可视化投诉体系。特别是数字化投诉平台的建立可使投诉者一站式解决问题。同时，对诚信建设良好的企业给予政策和资金的支持。总之，加强旅游企业数字化诚信体系的推广和宣传，让更多的旅游企业加入到诚信体系的建设，可极大地促进我国旅游产业良性互动。

旅游业是以旅游资源为凭借，以旅游设施为条件，以旅游者为对象，为旅游者的旅游活动、旅游消费创造便利条件并提供其所需商品和服务的综合性产业。其中旅游景区是旅游活动的核心和空间载体，是激励旅游者出游的最主要目的和因素；旅行社是旅游活动的组织者、旅游产品的销售渠道、旅游业的前锋；旅游饭店是旅游业的基础设施；旅游交通是旅游活动的必要条件，是旅游业发展的推动者和旅游收入的重要来源。旅游交通、旅游饭店及旅行社对于旅游者而言只是为其旅游行为提供一定的支持和保障，而景区产品对旅游者的来访则起着一种激发或吸引的作用。

一、单项选择题

1. 各种类型旅游交通中，（　　）的优点是运量大、运速快、运价低、时间准、安全性高。
　　A. 航空交通　　B. 铁路交通　　C. 公路交通　　D. 水路交通
2. 下列企业中，（　　）属于间接旅游企业。
　　A. 旅行社　　B. 交通客运企业　　C. 餐馆　　D. 旅馆

二、简答题

1. 旅游业具有哪些特点？
2. 试述饭店在旅游业中的作用。
3. 简答旅行社的作用。

三、实训题

调查学校所在地旅游业的发展现状。

调查目的：了解旅游业发展对于当地经济社会发展有哪些促进作用，碰到的主要问题有哪些。

调查工具：手机、录音笔、调查问卷等。

调查要求：分组调查。

调查报告：以小组为单位形成调查报告，字数1 000~2 000字。

实训指导：提前与旅游业企业相关责任人联系。确定好现场调查的内容，并将要了解的内容提前设计成访谈提纲或调查问卷。着装得体、注意礼貌礼仪。

> 学习案例

数字技术持续赋能 旅游复苏更加稳健

2021年7月16日，国家主席习近平应邀在北京以视频方式出席亚太经合组织领导人非正式会议并发表讲话，提出"中方将举办数字能力建设研讨会，推进数字技术助力旅游复苏等合作倡议"。

近年来，以互联网为代表的现代信息技术持续更新迭代，为旅游业发展提供了强大动力。我国围绕"推进数字技术助力旅游复苏"开展了一系列探索实践，使数字技术和数字经济成为旅游经济复苏和未来高质量发展的强大引擎，为全球旅游经济复苏发展提供了有益经验。

我国有关部门出台多项政策，发挥数字技术对文化和旅游产业复苏发展的促进作用。如，文化和旅游部、国家发展和改革委员会等十部门联合印发的《关于深化"互联网＋旅游"推动旅游业高质量发展的意见》提出加快建设智慧旅游景区、完善旅游信息基础设施等八项重点任务；文化和旅游部出台的《关于推动数字文化产业高质量发展的意见》从夯实发展基础、培育新型业态、构建产业生态等角度，对推动数字文化产业高质量发展作出全面部署。

在一系列政策引导、推动下，业界围绕"推进数字技术助力旅游复苏"进行了一系列研究、探索和实践，成效显著。

例如，在文化和旅游部推荐下，浙江旅游职业学院向APEC申报了旅游领域自筹资金项目——亚太区旅游职业教育可持续发展国际研讨会。该项目主要内容是通过解读旅游行业和职业教育的发展趋势、分享数字化管理经验和成功案例等，重点提升旅游职业教育竞争力、自主创新能力和可持续发展能力。浙江旅游职业学院国际教育学院（外办）院长周李俐表示，数字技术在开展旅游职业教育、促进旅游产业复苏方面起到了积极作用，通过数字技术开展的线上交流培训，目前已成为学院对外交流的重要手段之一。

各地积极顺应数字化发展趋势，推行预约旅游、推出"云游"产品，有力促进旅游行业恢复发展。福建省文化和旅游厅相关负责人介绍，福建通过"一部手机全福游"APP推行分时预约，引导游客有序出游。同时，利用该APP集中发布产业发展政策、推出旅游优惠措施、开展重要节庆活动，助推行业复苏。

近两年，江苏在推动全省文化和旅游领域"云、网、端"等信息基础设施建设的同时，集中力量打造了江苏智慧文旅平台——"苏心游"。该平台集智慧服务、智慧监管和智慧分析三大功能为一体，截至2021年7月22日，该平台用户数已突破143万。

吴丽云表示，目前，旅游景区数字化转型加速，全国94%以上的5A级景区已实现在线预约，5G网络建设、非接触式基础设施建设、旅游数据共享等快速推进，各地在以大数据技术实现本地旅游市场监管方面取得长足进步。数字技术的应用，有助于实现对景区入园客流的有效监控，既避免了因游客过度集聚而引发的风险，又能对游客进行有效追溯，提升了管理效率。此外，数字技术助力旅游企业创新业态，推出云旅游、云看展、云演艺、直播带货等产品和服务，成为推动旅游企业复苏发展和提质升级的重要动力。

中国旅游研究院副研究员韩元军表示，科技助力旅游复苏的效果十分显著，数字科技将时尚、梦幻、潮流等元素更好地融入旅游产品，使其更有吸引力。如，武汉的《知音号》、郑州的《只有河南·戏剧幻城》等沉浸式实景演出，就是科技与旅游融合的典型代表。"数字科技让游客满意度更高，让旅游产业发展形成了新的发展势能。"

（资料来源：李志刚，靳畅，吴健芳，等.数字技术持续赋能 旅游复苏更加稳健[EB/OL].（2021-07-27）[2021-08-05]. http://www.ctnews.com.cn/news/content/2021-07-27/content_108856.html.）

问题：数字技术如何助力旅游复苏？

第五章 旅游产品与营销

(1) 了解旅游产品的概念、构成及特点。
(2) 理解旅游市场的构成要素、旅游市场细分的依据、目标市场策略。
(3) 掌握旅游营销调研、旅游产品促销策略与促销活动计划的制订。

(1) 培养学生正确的旅游营销观和法治意识。
(2) 培养学生良好的旅游营销职业道德素质。

第一节 旅游产品

一、旅游产品的概念

旅游产品的概念有狭义和广义之分。狭义的旅游产品是指旅游商品,是由物质生产部门所生产,由商业劳动者所销售的物品,它包括旅游者旅游期间购买的生活用品、纪念品等各种实物商品。这种旅游产品仅满足旅游者外出旅游时购物的需求。广义的旅游产品是指旅游企业经营者在旅游市场上销售的物质产品和活劳动提供的各种服务的总和。

从旅游者的角度来看,旅游产品是指旅游者付出一定的金钱、时间和精力所获得的满足其旅游欲望的经历。旅游者通过对旅游产品的消费,获得心理上和精神上的满足。旅游者眼中的旅游产品,不单是其在旅游过程中享受的住宿服务、交通运输服务、旅游景点的参观游览或接送和陪同服务等,还有旅游者对所有这些方面的总体感受,是一次经历。从供给者角度来看,旅游产品是指旅游经营者凭借一定的旅游资源和旅游设施,向旅游者提供的满足其在旅游过程中综合需求的服务。通过旅游产品的生产与销售,旅游经营者达到赢利的目的。这里,旅游产品最终表现为活劳动的消耗,即旅游服务的提供。旅游产品又可分为整体旅游产品和单项旅游产品。

1. 整体旅游产品

整体旅游产品是指满足旅游者旅游活动中全部需求的产品或服务,如一条旅游线路、一个专项旅游项目。整体旅游产品由各个单项旅游产品构成。

2. 单项旅游产品

单项旅游产品是指住宿产品、饮食产品及交通、游览娱乐等方面的产品(或服务)。

单项旅游产品这一概念主要是基于旅游企业对旅游产品的认识提出的。提出这一概念的依据或背景是，对旅游企业来说，一个明显的逻辑是，既然自己的主要服务对象是旅游消费者，那么自己提供的各项服务便是旅游产品，只不过这一意义上的旅游产品在形式上表现为商业性服务项目。换言之，这一意义上的旅游产品就是旅游企业借助一定的设施设备面向旅游消费者提供的各类服务项目。如旅行社提供的导游服务、航空公司提供的交通客运或旅行服务、饭店企业提供的住宿服务、旅游景点提供的游览及讲解服务等。由于这些服务项目都是旅游消费者所购买的整体旅游产品的组成部分，因此通常称为单项旅游产品。对于旅游企业来说，这些旅游服务项目既可分别以单项形式，也可以多项组合的打包形式向旅游消费者出售。

二、旅游产品的构成

（一）旅游产品的供给构成

从旅游经营者或旅游目的地的供给来看，整体旅游产品主要由旅游资源、旅游设施、旅游服务、旅游线路等基本要素构成。旅游设施是指旅游目的地旅游行业的人员向旅游者提供服务时依托的各项物质设施和设备，如交通运输设施、食宿接待设施、游览娱乐设施和旅游购物设施等。旅游服务是指旅游经营者凭借一定的设施及使用一定的手段向旅游者提供各种劳务的总和。旅游服务由许多单项服务组合而成，具体包括饭店服务、交通服务、餐饮服务、导游服务等。旅游线路是指为了使旅游者能够以最短的时间获得最大的观赏效果，由旅游经营部门利用交通线串联若干旅游点或旅游城市（镇）所形成的具有一定特色的合理走向，是整个旅游产品的核心。

（二）旅游产品的需求构成

一个完整的旅游产品必须满足旅游者食、住、行、游、购、娱等各方面的需求，因此，从旅游产品满足旅游者的不同需求的角度来看，旅游产品由旅游饮食产品、旅游住宿产品、旅游交通产品、旅游游览产品、旅游购物产品及旅游娱乐产品等单项产品组合而成。

（三）市场营销学中旅游产品的构成

现代市场营销学认为，产品一般由三部分组成，即产品的核心部分、形式部分和延伸部分。其中，核心部分是指产品能满足顾客需要的基本效用和利益；形式部分是指产品向市场提供的实体（或劳务）的外观、质量、款式、特点、商标及包装等；延伸部分是指顾客购买产品时所得到的其他利益的总和，如贷款、优惠条件等。

旅游产品也由以下三部分组成。

（1）产品的核心部分。旅游产品的核心部分是指消费者购买该旅游产品时所追求的核心利益。

（2）产品的形式部分。旅游产品的形式部分包括旅游产品的质量、特色、风格、声誉、组合方式等。

（3）产品的延伸部分。旅游产品的延伸部分是指旅游者在购买之前、购买之中和购买之后所得到的附加服务和利益，如旅游消费信贷、旅游信息咨询、免费接送服务、购物折扣等。

三、旅游产品的特点

（一）综合性

从旅游者角度来看，一个旅游目的地的旅游产品是一种总体性产品，是各有关旅游企业为满足旅游者的各种需求而提供的设施和服务的总和。大多数旅游者做出前往某一目的地旅游的决定时，都不只考虑一项服务或产品，而是将多项服务或产品结合起来进行考虑。例如，一个度假型旅游者在选择度假目的地的游览点或参观点的同时，还会考虑该地的住宿、交通、饮食等一系列的设施和服务情况。在这个意义上，旅游产品是一种综合性的群体产品或集合产品。

（二）无形性

旅游产品是有形物质产品和无形服务产品的组合，其无形性主要体现在服务产品这一部分，服务产品不像有形的物质产品那样可以进行近距离的观摩，只能通过旅游者的消费去体验，不同的旅游者对于同样的旅游产品会有不同的评价。

（三）不可转移性

旅游产品的不可转移性具有双重含义。一是旅游服务所凭借的旅游吸引物和旅游设施无法从旅游目的地运送到客源所在地供旅游者消费，即旅游产品不能送到旅游者手中，只能将旅游者吸引过来。旅游产品只有通过旅游信息的传递，通过旅游中间商的宣传及促销活动才能把旅游者组织到旅游目的地来进行消费。因此，旅游产品在地点上是不可转移的，旅游者只能到旅游产品的生产地进行消费。二是旅游产品销售后，在所有权上不可转移。旅游产品的交换带来的不是产品所有权的转移，而是在特定的时间和地点上旅游产品的有限使用权的转移。旅游产品的所有权在任何时候都属于旅游目的地或旅游企业，不可转移给旅游者。因此，旅游者无权将旅游产品据为己有，也无权自行转让或借给他人。

（四）生产与消费的同时性

服务活动的完成需要由生产者和消费者双方共同参与。在这个意义上，旅游产品的生产和消费是同时发生的，并在同一地点发生。在同一时间内，旅游者消费旅游产品的过程，也就是旅游企业生产和交付旅游产品的过程。这种生产和消费的同时性或不可分割性是旅游产品市场营销中一个至关重要的特点，但这并不意味着旅游产品的消费与购买不可分离，事实上，在包价旅游中，绝大部分旅游产品都是提前订购的。

（五）文化性

旅游者进行旅游活动，主要是为了满足其精神文化方面的需求。旅游产品以能满足旅游者的需求为其核心价值，其所包含的旅游活动及项目都渗透了文化的内涵。旅游产品是旅游景区宣传和传播当地文化民俗的一种非常好的媒介。为了让游客更加深刻地记住当地的特色和文化习俗，旅游产品通常会以旅游文化为主题。例如，游客去海南旅游会发现很多旅游产品是椰子制品或者是贝壳珍珠制品，这其实就是融入了海南旅游景区当地的文化。在旅游实践中，比较成功的旅游产品大多重视对旅游活动文化内涵的发掘。

（六）不可储存性

旅游者购买旅游产品后，旅游企业只是在规定的时间内交付有关产品的使用权。一旦买方未能按时使用，须重新购买并承担因不能按时使用而给卖方带来的损失。对旅游企业来讲，旅游产品的效用是不能积存起来留待日后出售的。随着时间的推移，旅游产品的价值会自然消失，而且永远不复存在。因为当新的一天来临时，它将被赋予新的价值。所以旅游产品的效用和价值不仅固定在地点上，而且固定在时间上。无论是航空公司的舱位还是饭店的床位，只要有一定的闲置，所造成的损失将永远无法弥补。

（七）后效性

旅游者只有在消费过程全部结束后，才能对旅游产品质量做出全面、准确的评价。旅游者对旅游产品质量的理解是其期望质量与经历质量相互作用的结果。期望质量是指旅游者实际购买之前，根据所获得的有关旅游产品的各种信息，对产品质量进行的评价；经历质量是旅游者以其实际获得的感受对产品质量所做的评价。如果实际的经历质量低于期望质量，旅游者就会产生不满，这种不满意的态度会影响到旅游者以后的消费，如果实际的经历质量高于期望质量，就会大大激发旅游者的旅游需求，甚至会使旅游者进行重复性的购买。

（八）脆弱性

旅游产品的脆弱性是指旅游产品价值的实现要受到多种因素的影响和制约。旅游产品的核心价值在于它能够满足旅游者的需求。旅游产品的脆弱性主要表现为旅游者的旅游需求容易受到主客观因素的影响，客观因素主要是指各种自然、政治、经济、社会等外部因素，例如自然灾害、社会动乱、经济危机等，这些都会对旅游需求产生影响，从而影响旅游产品价值的实现。旅游企业应对这些不可控制因素进行周密的调研，进行市场环境分析，以便做出正确的旅游产品经营决策。

四、旅游产品的生命周期

（一）推出期

在该阶段，旅游产品刚刚推出，由于旅游产品尚未被消费者了解和接受，因此旅游者的购买很多是试探性的，几乎没有重复购买，导致销售量缓慢增长。并且为了使旅游者认识旅游产品，旅游企业又需要做大量的广告和促销工作，使旅游产品的投入和销售费用较高，导致旅游企业往往获利极小，甚至亏损。

（二）成长期

在该阶段，由于在前期旅游宣传促销的效果出现，旅游者对旅游产品逐渐熟悉，越来越多的人购买旅游产品，重复购买者也逐渐增多，使旅游产品在市场上开始有一定的知名度，旅游产品销售量迅速增加，销售额迅速增长。

（三）成熟期

在该阶段，由于很多的旅游产品进入市场，扩大了旅游者对旅游产品的选择范围，使旅游市场竞争十分激烈，加上一些新产品对原有旅游产品的替代性，使旅游产品差异化成为市场竞争的核心。旅游产品销售额的增长幅度越来越小，一般在1%～10%。

（四）衰退期

在该阶段，旅游产品进入了更新换代的阶段，由于新的旅游产品已进入市场并逐步地替代老产品，除少数名牌旅游产品外，大多数旅游产品销售量逐渐减少。这时，旅游企业若不迅速采取有效措施使旅游产品进入再成长期，以延长旅游产品的生命周期，则旅游产品将随着市场的激烈竞争以及销售额和利润额的持续下降而被迫退出旅游市场。

小知识

产品生命周期

产品生命周期（product life cycle）又称"商品生命周期"，是指产品从准备进入市场开始到被淘汰退出市场为止的全部运动过程，其是由需求与技术的生产周期所决定的。产品生命周期是产品或商品在市场运动中的经济寿命，也即在市场流通过程中，由于消费者的需求变化以及影响市场的其他因素所造成的商品由盛转衰的周期，其主要是由消费者的消费方式、消费水平、消费结构和消费心理的变化所决定的，一般分为导入（进入）期、成长期、成熟期（饱和期）、衰退（衰落）期四个阶段。

第二节 旅游市场

旅游市场是实现旅游产品交换的领域和场所，也是各种旅游经济活动和旅游商品交换的总和。旅游服务企业应该对旅游市场开展认真细致的研究，分析目标旅游市场的构成和特点，在此基础上，开拓客源市场信息，制定旅游发展规划。

一、旅游市场的概念和构成要素

（一）旅游市场的概念

从经济学角度看，旅游市场的概念有广义和狭义之分。广义的旅游市场是指在旅游产品交换过程中各种经济行为和经济关系的总和。狭义的旅游市场是指在一定时间、一定地点和条件下，具有旅游产品购买力、购买欲望和购买权利的群体。从这个意义上说，旅游市场就是旅游需求市场或旅游客源市场。

（二）旅游市场的构成要素

旅游市场包括以下四个要素，这四个要素相互制约、缺一不可。

1. 旅游者

旅游者是旅游产品的消费者，是构成旅游市场主体的基本要素，旅游市场的大小取决于该市场上人口数量的多少，一个国家或地区总人口多，则潜在的旅游者就多，需要旅游产品的基数就大，因此，人口的数量多少反映了旅游产品潜在市场的大小。

2. 购买力

购买力是指人们在可支配收入中用于购买旅游产品的能力，它是由收入水平决定的。没有足够的购买力，旅游者便无法旅行，旅游只能是一种主观愿望。

3. 购买欲望

购买欲望是指旅游者购买旅游产品的主观愿望或需求，是反映潜在购买力变成现实购买力的重要条件，没有购买欲望，即使有购买力也不能形成旅游市场。

4. 购买权利

购买权利是指允许消费者购买某种旅游产品的权利。对旅游市场来说，尤其是国际旅游，由于旅游目的国（地区）或旅游客源国（地区）单方面的限制，如拒绝签证或限制出境等，都会使旅游权利受阻而导致无法形成国际旅游市场。

二、旅游市场细分

（一）旅游市场细分的概念

市场细分通常又称市场分割，是指营销者根据不同消费者在人员特征、需要、利益追求、购买习惯等方面的差异，将整体消费者市场划分为若干不同消费者人群的工作过程。所划分出来的每一个消费者人群就是一个市场部分，称为细分市场。旅游市场细分就是旅游营销者根据不同旅游消费者在人员特征、需要、利益追求、购买习惯等方面的差异，将整体旅游市场分解为若干细分市场的过程。旅游市场细分工作是一个以市场调研为基础的分析和判断过程，是旅游营销者深入分析不同消费者人群的特点，以判定并满足其追求或需要的战略性营销工作。

（二）旅游市场细分的依据

为了尽可能准确地界定细分市场的旅游消费者特征，旅游营销者通常采用多变量细分法对旅游市场进行细分。这些细分变量主要包括：地理因素、人口统计因素、购买行为、特定的利益追求、心理类型或人格特点等。

1. 按地理因素进行市场细分

在旅游业的市场细分工作中，根据地理边界对客源市场进行划分是最常见的一种方法。这一方法所依据的理论假设是"居住在同一地域的人往往会有相似的需要和要求，而且这些需要和要求与其他地域居民的需要和要求会有很大的差别"（《工商管理大百科全书》）。采用这种方法时，较为常用的细分标准包括：国家、省（州）、城市、跨行政区划的市场地域等。例如，在开展国内旅游业务时，旅游营销者往往会将国内旅游客源市场划分为需求潜力不同的若干区域市场。

2. 按人口统计因素进行市场细分

在这类市场细分中，较为常用的细分标准包括潜在旅游消费者的年龄、性别、职业、收入、家庭规模、家庭生活周期等。

这一市场细分方法优点主要包括：人口统计资料比较容易获得；与其他细分标准相比，人口统计因素变量更容易测量或量化；通过对人口统计因素变量的分析，有助于揭示旅游客源地的人口变化趋势，获知该客源地旅游需求的发展动向。

3. 按购买行为进行市场细分

按购买行为进行市场细分是根据不同消费者人群在购买行为方面的表现对旅游消费者市场进行细分。采用这种方法对市场进行细分时，常用的细分标准主要包括购买率、顾客地位以及品牌忠诚度等。购买率是指消费者人群购买目的地企业旅游产品的频繁程度。依据这一标准，旅游营销者可将消费者市场划分为经常性购买者市场、中等程度购买者市场和偶尔性购买者市场。顾客地位是指消费者人群属于初次购买者还是经常性购买者。依据这一标准，旅游营销者可将客源市场区分为初次购买者市场和经常性购买者市场。例如，对大多数主要经营观光旅游产品的旅游目的地和组团旅行社来说，初次购买者往往是其主要的目标市场。这主要是因为旅游消费者很少会重复购买同一观光旅游产品。在将品牌忠诚度作为细分客源市场的标准时，旅游营销者通常先识别对其品牌忠诚的顾客具有哪些特征，然后在确认这些特征的基础上，面向更多具有相似特征的潜在旅游消费者开展直接营销。

4. 按特定的利益追求进行市场细分

对于外出旅游或度假，旅游消费者往往有不同的利益追求。例如，同样是外出旅游或度假，有些人希望借此开阔眼界和增长见识，有些人旨在彰显自己的社会地位，有些人则钟情于享受旅游的悠闲与放松等。由于追求的利益不尽相同，因此他们对旅游供给中各构成方面的注重程度或追求程度也会存在差异。旅游营销者可在开展市场调研和利益分析的基础上，识别和确定不同利益追求者的人员特征，据此对旅游消费者市场进行细分。

5. 按心理类型或人格特点进行市场细分

在这种类型的市场细分研究中，最初的研究重点在于寻找消费者的人格特点与产品选择之间的关系。但是人们发现，要想在人格特点与所购买的产品之间建立联系很困难，所以这类研究转向通过心理类型调查或生活方式分析去寻找消费者市场细分的主要心理依据。在开展这类心理类型研究时，调研人员通过提出一组有关信念的陈述，要求参与调查的消费者结合自己的行为、兴趣偏好或个人观点等，对这些有关信念的陈述表示赞同与否，从而据以分析其心理类型。这种心理类型分析通常都是结合特定产品进行的，以确定该特定产品的使用者或潜在使用者的心理类型或人格特点。在此基础上，营销者结合这些产品使用者或潜在使用者在人口统计因素方面的特征，划分出不同的心理类型市场。一般来讲，这种类型的市场细分方法所涉及的细分标准通常包括生活方式、人格类型、态度、兴趣、观念、动机等。

三、旅游目标市场选择

选择目标市场是旅游营销者在对市场进行细分的基础上，将其中适合旅游目的地或企业经营的消费者人群选定为营销对象的决策。换言之，这一工作的直接结果是目标市场的确定。

（一）选择目标市场应考虑的因素

1. 分析各个细分市场的销售潜力

在市场细分的基础上，旅游营销者需要针对所划分出来的各个细分市场，分别分析和评价其销售潜力，并根据各个细分市场销售潜力的大小对细分市场进行排序。从逻辑上讲，假定不考虑其他因素，一个细分市场的销售潜力越大就越值得将其选为目标市场。然而，能否将其选定为目标市场，还取决于是否存在其他因素的制约。

2. 考虑和分析企业的供给实力

某一细分市场的销售潜力巨大，并不一定意味着该细分市场注定就是企业应当选择的目标市场。原因在于，旅游营销者还需考虑企业是否有实力开发和提供该细分市场所需要的产品或服务，以及是否有足够的营销能力对该细分市场施加影响。

3. 考虑和分析市场的竞争状况

在某一细分市场的销售潜力可观，并且该细分市场没有被竞争对手垄断，仍有很大竞争空间的情况下，企业应将该细分市场选作自己的目标市场。但是如果该细分市场在很大程度上已经为竞争对手所垄断，旅游营销者就需要考虑与竞争对手相比，面向该细分市场经营是否更有利于发挥本企业的优势。如果自己比竞争者更具优势，从而有足够的实力与之竞争，那么尽管该细分市场目前在很大程度上已为竞争对手所垄断，企业仍可将该细分市场选作自己的目标市场。反之，如果自己没有什么明显的优势，无法与强大的竞争者匹敌，那么即使该细分市场的销售潜力很诱人，也不宜将其选为目标市场。

旅游营销者应综合上述因素进行全面分析和权衡，选择最适合自己经营的细分市场作为目标市场。

（二）目标市场策略

在旅游业市场营销中，可供选择使用的目标市场策略主要有三种，即无差异目标市场策略、差异性目标市场策略和集中性目标市场策略。

1. 无差异目标市场策略

无差异目标市场策略是指企业将整个市场作为企业的目标市场，推出一种产品，实施一种营销组合策略，以满足整个市场尽可能多的消费者的某种共同需求。如果一个旅游企业经过市场调研，发现所有旅游消费者对某一产品或服务有共同的需求而不存在差异，则往往会决定以同样的价格、同样的促销方式和同样的销售渠道，面向所有的旅游消费者开展营销推广。这样一种将所有的旅游消费者都作为同一目标市场客户，用同一套营销组合策略去吸引旅游消费者的经营策略，对旅游企业来说即为无差异目标市场策略。国内外大多数作为旅游目的地的大城市都采用无差异目标市场策略。

采用无差异目标市场策略的优点是：企业能够进行大规模生产、储运和销售，平均成本低，因为生产单一的产品可以减少生产成本、储存成本、运输成本，也可以减少企业的营销成本；由于不需要市场细分，也可以大量节省市场调研、开发和广告宣传等费用。

采用无差异目标市场策略的缺点是：第一，单一产品或服务实际上不大可能真正适应所有消费者人群的需要；第二，实行无差异目标市场策略时，为了在市场竞争中获胜，生产者或供应商必然要尽力争取占有最大的市场份额。如果所有的同业竞争者都采用这种目标市场策略，则会导致激烈的竞争和价格战，甚至会带来"众败俱伤"的结果；第三，就整个市场供给而言，这种无差异目标市场策略的实施势必会造成对规模较小的细分市场的忽略，从而丧失可能的市场机会。

2. 差异性目标市场策略

差异性目标市场策略即企业针对不同的细分市场设计生产或经营不同的产品，采取不同的市场营销组合，分别满足不同消费群体的需要。对旅游企业来说，采取差异性目标市场策略时，旅游企业在对整体消费者市场进行细分的基础上，将所有细分市场都作为自己的目标市场或者选择其中多个细分市场作为自己的目标市场，然后针对每个目标市场的需要和特点分别设计相应的旅游产品或服务，并以不同的营销组合方式分别面向各个目标市场人群开展营销，以加深他们对这些旅游产品或服务的了解与认识，提高旅游企业或目的地在这些目标市场中的地位。目前在世界各地，特别是发达国家中，绝大多数旅游目的地和旅游企业采用的都是差异性目标市场策略。

差异性目标市场策略的优点是：针对不同的目标市场人群分别设计和组织产品，有助于适应和满足不同消费者人群的需要；有针对性地提供服务，有助于促成目标消费者对企业或目的地旅游产品的重复购买，有助于培育顾客忠诚；这种目标市场策略的实施以市场调研为基础，对目标消费者的需求及其行为格局的变化反应灵敏，有助于增强经营者对市场的适应能力和应变能力，经营中的风险也会因此减小；各目标市场的行为格局（尤其是其前来光顾的时间）不尽相同，有助于旅游接待设施的充分利用，减少旅游季节性的不利影响。

差异性目标市场策略的缺点是：营销成本过高，由于旅游经营者需要针对不同的目标市场人群分别开展调研，需要针对不同目标市场人群的需要和利益追求分别开发相应的产品，需要根据不同目标市场人群的需求变化去增添或改进相应的设施设备，并且需要针对不同的目标消费者人群分别采用不同的营销组合，因而会增大旅游经营者的生产成本和促销费用。这也是很多规模较小、实力较弱的旅游企业无力采用这种目标市场策略的根本原因。

3. 集中性目标市场策略

集中性目标市场策略有时也称为密集性目标市场策略。在实际经营过程中，有些旅游企业，特别是一些规模较小的旅游企业，实力较弱、营销能力有限，往往在整体旅游消费者市场中选择一两个自己认为具有经营价值且不被同业竞争者所看重的空隙市场作为目标市场，将自己的全部资源和能力集中针对这一两个空隙市场开展专门化经营，这种目标市场策略称为集中性目标市场策略。

集中性目标市场策略的优点在于：一是营销目标集中，便于企业深入了解市场需求变化，能充分发挥企业优势；二是营销组合策略的针对性强，可以节约生产成本和营销费用；三是生产的专业化程度高；四是能满足个别细分市场的特殊需求，有利于企业产品在该细分市场取得优势地位，提高企业的市场占有率和知名度。

集中性目标市场策略的缺点在于：一是目标市场过于狭小，市场发展潜力不大，企业的长远发展可能会受到限制；二是企业目标市场过于集中与狭小，产品过于专业化，一旦市场发生变化（比如强大的竞争对手介入、购买力下降或兴趣转移、替代品出现等），会给企业带来极大的威胁。

小知识

STP 理论

市场细分（market segmentation）的概念是美国营销学家温德尔·史密斯在1956年

最早提出的，此后，美国营销学家菲利浦·科特勒进一步发展和完善了温德尔·史密斯的理论并最终形成了成熟的 STP 理论——市场细分（segmentation）、目标市场选择（targeting）和市场定位（positioning）。STP 理论是战略营销的核心内容。根据 STP 理论，市场是一个综合体，是多层次、多元化的消费需求集合体，任何企业都无法满足所有的需求，企业应该根据不同需求、购买力等因素把市场分为由相似需求构成的消费群，即若干子市场，这就是市场细分。企业可以根据自身战略和产品情况从子市场中选取有一定规模和发展前景，并且符合公司的目标和能力的细分市场作为公司的目标市场。随后，企业需要将产品定位在目标消费者所偏好的位置上，并通过一系列营销活动向目标消费者传达这一定位信息，让他们注意到品牌，并感知到这就是他们所需要的。

四、旅游市场的客源分布

在旅游市场的激烈竞争中，旅游企业如何掌握最有潜力的旅游客源市场是胜出的关键。明确自己的客源市场目标，才能对自己的旅游产品进行准确的市场定位，制订切实可行的客源市场细分计划；也只有这样，才能判断选择最佳的宣传促销渠道，有针对性、分重点开拓自己的客源市场。

（一）旅游客流的基本状况

旅游者只有通过旅行实现空间位移，才能到达旅游目的地进行活动。无论是国际旅游还是国内旅游，每年都有大量旅游者在世界各国间流动，即旅游者从常住地流向旅游目的地，又从旅游目的地返回常住地。旅游者这种大规模的空间移动就形成了一定的流向和流量。

1. 旅游者流向

旅游者流向是指旅游者在某一时期内向某个国家或地区流动的趋向。它是旅游者根据自己的旅游动机与经济能力对旅游目的地所做的选择。

2. 旅游者流量

旅游者流量是指在单位时间内进入同一个国家或地区旅游活动的人数。

旅游者流向与旅游者流量之间的关系是相互依存、互为条件的。只有一定的流量才能构成流向，只有旅游者朝一定的方向汇集才能形成流量。

（二）旅游客源地需求的测评指标

在测量和评价一个旅游客源地的需求规模或需求潜力时，可供使用的指标有很多，如该地民众在特定时期内参加出游活动的人数或人次、出游率、出游频率以及该客源地市场潜力指数等。下面介绍一些常见的测评指标。

1. 出游人数与出游人次

在很多有关旅游统计的报告中，人们在描述一个客源地旅游需求规模的现状或潜力时常常会将出游人数与出游人次这两个指标混用。严格地讲，出游人数与出游人次是内涵并不完全相同的两个概念。出游人数指的是在特定时期内（通常为某一年度），某一客源国或客源地居民人口中外出旅游的人数。例如，假定 2020 年某客源地城市的居民人口总数为 200 万人，其中有 30 万人在该年内曾前往国内其他地区旅游或度假。那么，该城市

2020年的国内出游人数便为30万人。出游人次则是指在特定时期内（通常为某一年度），某一客源国或客源地的居民外出旅游的人次数。也就是说，这一指标表现为在特定时期内，该地居民中出游的人数与人均出游次数的乘积，其公式表达为

$$出游人次 = 出游人数 \times 人均出游次数$$

由于有些人在特定时期内会多次出游，因此出游人次的数值通常大于实际出游的人数。在旅游文献特别是旅游行政机构的工作报告中，常用"出游人数"去描述某客源地给定时期内的旅游需求规模，实际上应该用"出游人次"。

除了出游人数和出游人次，人们在测量和评价某一客源地旅游需求的规模时还会使用出游人天数，即在特定时期内该客源地居民的出游人次与人均出游活动的天数之乘积，用公式表达为

$$出游人天数 = 出游人次 \times 人均出游活动的天数$$

若是基于旅游目的地的立场测量来自某一地域客源市场的游客实际到访规模，那么，与客源地方面的出游人天数相似的一个测量指标则是接待该客源地游客的接待人天数。这一测量指标表现为特定时期内该客源市场的到访人次与平均每次来访的停留天数之乘积，用公式表达为

$$接待人天数 = 到访人次 \times 人均停留天数$$

例如，假定我国某城市2023年的居民人口总数为100万人，其中有2万人曾在该年内前往云南旅游，并且人均前往云南2次，每次在云南旅游的平均停留时间为5天。那么对于作为旅游目的地的云南来说，2023年的接待人天数为

$$2 \times 2 \times 5 = 20（万人·天）$$

2. 出游率

出游率反映的是，在特定时期内（通常按年度进行测量），外出旅游人数在该客源地居民人口中所占的比例。在这些旅游者中，有些人在该时期内可能仅出游一次，有些人可能多次外出旅游。因此，人们对于出游率的表达有两种不同的方式，即净出游率和总出游率。

净出游率（net propensity）是指在特定时期内（通常按年度进行测量），该客源地居民外出旅游的人数在该地人口总数中所占的比例，用公式表达为

$$净出游率 = \frac{出游人数}{总人口数} \times 100\%$$

总出游率（gross propensity）是指在特定时期内（通常按年度进行测量），该客源地居民外出旅游的人次与该地人口总数之比，用公式表达为

$$总出游率 = \frac{出游人次}{总人口数} \times 100\%$$

例如，假定某客源地城市2023年的居民人口总数为100万人，其中，15万人曾在该年内前往国内外其他地方旅游，并且人均出游3次。那么，该城市居民2023年的总出游率为

$$\frac{15\times 3}{100}=45\%$$

3. 出游频率

在旅游市场研究中，出游频率（travel frequency）是指在特定时期内（通常按年度进行测量），某客源国或客源地居民中外出旅游的人次与外出旅游的人数之比，即在给定时期内，出游者的人均出游次数，用公式表达为

$$出游频率 = 出游者的人均出游次数 = \frac{出游人次}{出游人数}$$

4. 客源地市场潜力指数

客源地市场潜力指数（country potential generating index，CPGI）又称为客源地出游潜力指数或旅游者产生潜力指数。在国际旅游研究文献中，客源地市场潜力指数作为测量客源地旅游需求的一个指标，通常反映的是某一客源地（国家或地区）在特定时期内（通常按年度进行测量）产生出境旅游需求的能力。在计算方法上，这一指标为该客源地（国家或地区）给定时期内的出境旅游人次与同期全球国际旅游总人次之比和该客源地的人口数与全世界人口总数之比的商数，用公式表示为

$$CPGI = \frac{Ne/Nw}{Pe/Pw}$$

式中，CPGI 表示客源地（国家或地区）市场潜力指数；

Ne 表示该客源地给定时期内产生的出境旅游人次；

Nw 表示同期内全球的国际旅游总人次；

Pe 表示同期内该客源地的人口数；

Pw 表示同期内全世界的人口总数。

例如，2019 年，全世界人口总数为 76 亿人，全球国际旅游活动的总体规模为 15 亿人次。假定某客源国的人口为 2 亿人，该年的出境旅游规模为 600 万人次。那么 2019 年该客源国的出境旅游市场潜力指数为

$$出境旅游市场潜力指数 = \frac{0.06/15}{2/76} = 0.15$$

客源地市场潜力指数这一测量指标的设计最初针对的是国际出境旅游，用于测量作为国际旅游客源地的某一国家或地区在给定时期内产生出境旅游需求的能力。我们对有关变量的解释稍作修改，同样可用于测量作为国内旅游客源地的某省、某地区或某城市在给定时期内产生国内旅游需求的能力。换言之，在将这一指标用于测量国内某旅游客源地产生国内旅游需求的能力时，对上述公式中有关变量的解释可作如下变通。用于测量某一客源地在给定时期内产生国内旅游需求的能力，用公式表示为

$$CPGI = \frac{Ne/Nw}{Pe/Pw}$$

式中，CPGI 表示某客源地（省/地区/城市）市场潜力指数；

Ne 表示给定时期内该客源地产生的国内出游人次；

Nw 表示同期内全国的国内旅游总人次；

Pe 表示同期内该客源地的居民人口数；

Pw 表示同期内全国人口总数。

就出境旅游需求而言，如果某一客源国（地区）市场潜力指数的数值等于 1，则意味着该国（地区）产生出境旅游需求的能力居世界平均水平，因而属于市场发育程度一般的国际旅游客源国（地区）。如果该客源地市场潜力指数的数值大于 1，则意味着该国（地区）产生出境旅游需求的能力高于世界平均水平，因而属于市场发育程度较高、值得旅游营销者关注和重视的国际旅游客源国/地区。反之，如果该客源地市场潜力指数的数值小于 1，则意味着该国（地区）产生出境旅游需求的能力低于世界平均水平，因而属于出境旅游市场发育程度偏低的国家或地区。

同理，就国内旅游而言，倘若某省（地区、城市）的市场潜力指数的数值等于 1，则意味着该省（地区、城市）产生国内旅游需求的能力居全国平均水平，因而属于市场发育程度一般的国内旅游客源地。倘若其市场潜力指数的数值大于 1，则意味着该省（地区、城市）产生国内旅游需求的能力高于全国平均水平，因而属于市场发育程度较高、值得旅游营销者予以关注和重视的国内旅游客源地。反之，倘若其市场潜力指数的数值小于 1，则意味着该省（地区、城市）产生国内旅游需求的能力低于全国平均水平，因而属于市场发育程度偏低的地区。

（三）我国旅游客源市场概况

1. 我国入境旅游市场

中国已经成为世界第二大经济体，国际地位不断提高。中国旅游业也因此蓬勃发展，旅游基础设施不断改善，旅游产品日益丰富。中国入境客源市场分为两部分：一是我国香港、澳门和台湾同胞及侨胞；二是外国人（包括已加入外国国籍的海外华人）。

（1）亚洲市场，主要包含以下部分。

① 日本市场。日本是中国重要的旅游客源国之一。日本作为亚洲的经济强国，生活水平高，带薪假期长，人们又有强烈的旅游意识，是亚洲最大的旅游客源国，每年有几千万人出游。

② 韩国市场。韩国旅游者以商务型居多，旅游目的地多集中在我国东北地区和沿海城市。韩国市场开拓余地还很大。

③ 东南亚市场，主要包括新加坡、菲律宾、泰国、马来西亚、印度尼西亚等国家。这些国家是我国的主要客源国，它们不仅地理位置比较近、交通便利、经济发达，而且有大量的华人与华侨。

④ 我国港澳台地区市场。在统计上，我国香港、澳门和台湾的客源及广大华侨划归为海外客源。港澳台同胞及侨胞一直是我国境外旅游客源市场的主力军。香港、澳门、台湾都属于经济发达地区，人们的收入水平及消费水平普遍较高。

（2）欧洲市场，主要包含以下部分。

① 俄罗斯市场。俄罗斯是世界上面积最大的国家，与我国也有着漫长的边界线，交通便利。中俄旅游关系首先在两国边境活跃起来，俄罗斯市场已成为我国入境旅游重要客

源市场。

② 西欧市场。西欧地区是全世界最主要的国际旅游客源市场之一，对我国来说也是如此，该地区经济普遍比较发达，社会福利保障体系健全，人们受教育程度高，有外出旅游的传统。客源输出规模较大的国家有英国、德国和法国。英国是世界上主要的国际旅游客源国之一，一直是我国旅游业比较稳定的客源市场。英国作为我国的一个国际旅游客源市场，有较大潜力可挖掘。

（3）北美洲市场，主要包含以下部分。

① 美国市场。美国一直是世界上最大的出国旅游市场，在出国旅游人次上位居世界第一。在美国出国旅游市场中，中国是亚洲最受喜爱的旅游目的地。我国对美国旅游者最有吸引力的是悠久的历史、神秘的东方文化。

② 加拿大市场。加拿大作为中国主要的国际旅游客源国之一，在我国入境游2018年人数统计中居第12位，是比较稳定的客源国。加拿大来华旅游者在其出国游客总数中所占比例不高，具有较大的市场潜力。

（4）大洋洲市场，主要是指澳大利亚市场。

澳大利亚是亚太地区少数发达国家之一，也是世界上主要的旅游客源国之一。澳大利亚的工薪阶层每年有4周带薪假期，人均年工资收入较高，出国旅游非常流行。澳大利亚进入我国主要依靠航空运输。但由于受文化方面的影响，澳大利亚人出国旅游的目的地主要是新西兰、英国和美国，到我国旅游的人数比例相对较低。尽管如此，从长远来看，澳大利亚市场潜力巨大，将会成为我国旅游业重要的客源市场。

2. 国内旅游市场

国内旅游市场是旅游市场的重要组成部分，我国的国内旅游市场是在改革开放以后逐渐发育起来的，20世纪90年代开始呈现迅猛发展的趋势。国内旅游需求的发展是我国国民经济持续快速发展、人民生活水平不断提高的体现和必然结果，是我国对旅游业的经济性有了正确认识，国家产业政策大力扶持，我国劳动制度改革以及实施双休日和黄金周假日等多因素共同作用的必然结果，是社会进步的重要标志。

从近几年来看，中国国内旅游发展迅猛，产业规模持续扩大，产品体系日益完善，市场秩序不断优化。2022年中国国内旅游人数25.3亿人次，实现国内旅游收入约2.04万亿元。2023年春节假期中国国内旅游出游人数达到3.08亿人次，实现国内旅游收入3 758亿元。其中，研学游、亲子游、周边游、出境游等成为旅游市场的热门产品。总体来看，我国的国内旅游市场处于发展期，有着极好的前景。我国拥有丰富的旅游资源和庞大的人口基数，经济发展迅速，中国国内旅游市场必然会得到更多的重视和更好的发展。

第三节　旅游营销

一、旅游营销调研

对旅游营销者来说，不论是对市场需求的变化动向、目标消费者的类型与特征、目标消费者的购买行为、有关产品的受欢迎程度、消费者对特定营销举措的反应等诸多情况的了解，还是对营销战略的制定及行动方案的策划，几乎都是以营销调研为基础的。因此，了解有关营销调研的知识和掌握营销调研工作的手段，对旅游营销工作的有效开展具有重要的现实意义。

（一）旅游营销调研的含义

营销调研通常是指对有关市场营销工作的问题或现象进行调查和研究，其中既涉及对所需信息或数据的收集与分析，也涉及对某些特定问题或现象的系统探究。

旅游营销调研是运用科学的方法和手段，有目的地针对旅游市场需求的数量、结构特征等信息以及变化趋势所进行的调查与研究。

（二）旅游营销调研的内容

旅游营销调研的内容十分广泛而丰富，但由于调研目的不同，调研内容也会不同。一般来说，旅游营销调研包括以下基本内容。

1. 旅游市场环境因素

旅游市场环境因素包括外部环境因素和内部环境因素。

（1）外部环境因素。影响旅游市场的外部因素很多，包括政治、经济、社会文化、法律、技术、人口、自然环境等方面的宏观因素，以及消费者市场、产业市场、竞争者状况等。任何旅游企业都要充分认识外部环境因素的变化给旅游企业带来的机遇和威胁，应随时监测这些变化并与之相适应。

（2）内部环境因素。除了对外部环境因素研究之外，旅游市场调研还必须研究旅游地或旅游企业自身与市场需求的发展是否相协调的问题，包括旅游企业自身的营销策略、营销手段或营销组合是否能有效开拓市场，如企业提供的旅游产品、价格、分销渠道以及促销方面是否存在问题。其次是要对企业自身营销活动进行管理评估，如评估其在营销计划、组织实施以及控制等方面是否适应旅游市场的变化。

2. 旅游服务竞争力

旅游营销调研主体不同也会造成调研内容的差异。旅游市场调研的主体包括区域性的营销主体和企业性的营销主体。区域性营销主体是指地区旅游局、旅游景区等。

营销主体的差异会导致调研内容的差异。例如，地区旅游局的市场调研内容主要是针对整个地区的国内客源及国际客源区的住宿、价格、购物、服务质量等方面问题，旅游企业方面的问题，区域旅游地之间的竞争问题进行调查。这种调查内容丰富而全面，调查范围大，是旅游企业的调查不能比拟的。旅游企业的营销调查则针对性较强，内容集中，范围较小，主要是对企业自身状况和目的进行产品质量、价格、企业形象、企业服务等方面的调查。

（三）旅游营销调研的作用

1. 营销调研是旅游营销工作有效开展的信息基础

营销调研的首要任务是为旅游营销工作的开展收集所需的信息，这是旅游营销工作有效开展的先决条件。营销调研有助于旅游营销者发现问题和认识机遇。借助营销调研，旅游营销者能够了解并判定哪些人群是有待开发的潜在市场，现有的旅游者在哪些方面尚未获得满足或者还没有感到满意等。只有切实了解市场信息，旅游企业和旅游目的地才有可能开发并保留旅游者，并根据市场需求和外部经营环境变化及时地进行营销策略调整，更好地实现旅游营销效益。

2. 营销调研有助于减小经营风险

如果旅游管理者仅凭自己的直觉或经验去开展工作，那么不仅容易造成决策失误，而且很可能因此给企业带来风险。营销调研可使管理者将营销决策建立在相关调研信息和客观数据的基础之上，减少经营风险。

3. 营销调研有助于提高管理者的决策工作效率

营销调研服务于管理者的决策工作。在多数情况下，营销调研工作的任务是针对所要解决的问题，在收集相关信息和分析调查发现的基础上提出若干备选方案。这使得管理者在就问题的解决方案进行决策时能够将注意力集中于做出权衡，无须过多耗费时间和精力分析信息和数据，从而有助于提高决策效率。

（四）旅游营销调研的程序

旅游营销调研分为以下五个步骤。

1. 明确问题和调查目标

明确问题和调查目标是旅游营销调研的重要前提。正式旅游营销调查行动之前，必须弄清楚为什么调查，调查什么问题，解决什么问题，然后确立调查目标、调查对象、调查内容及调查方法。

2. 制订旅游营销调研计划

制订旅游营销调研计划的目的是使调查工作能够有秩序、有计划地进行，以保证调查目的的实现。调研计划主要包括调查方案设计、组织机构设置、时间安排、费用预算等。

其中，调查方案内容包括调查目的、调查对象、调查时间、调查地点和调查范围、调查内容、调查方法、抽样方案、资料来源等。资料来源应确定是收集第二手资料，还是第一手资料，还是两者兼顾。

组织机构设置包括调研活动负责部门或人员的选择与配置，调研活动的主体的选择是利用外部市场调研机构还是由本单位进行调研。调研活动的人员选择和配置是市场调研活动成败的关键。计划方案的制订，整个调研活动的进行，都取决于市场调研组织的决策者和管理者，以及调研人员的素质。所以调查人员必须具备善于沟通的能力，敏锐的观察与感受能力，以及丰富的想象力、创造力、应变能力，而且调研人员还应具备基本的统计学、市场学、经济学、会计财务知识。

3. 收集信息

调查计划确定之后，即开始系统地收集资料和信息。对旅游营销调研活动来说，收集信息通常是耗时最长，投入成本最大而且是最容易出差错的过程。整个调研活动的效果与准确性、误差大小均直接与这个过程有关。这个阶段的主要任务是系统地收集各种资料，包括二手资料与一手资料，有的调研仅需要其中一种，但对大多数调研活动来说，两者都是需要的。

（1）二手资料。调查人员开始调查时总是先收集二手资料。二手资料又称文案资料，是指为其他目的已收集到的信息。通过二手资料可以从中判断分析调研问题是否能部分或全部解决。若能解决,则无须再去收集成本很高的一手资料。二手资料的主要来源包括以下方面。

① 内部来源,包括公司盈亏表、资产负债表、销售资料、销售预测报告,库存记录以及以前所做的报告。

② 政府出版物,包括政府的公开调查统计报告、年鉴、研究报告等。

③ 期刊和书籍,即各种有关的书刊,特别与开展业务关系密切的书刊。

④ 商业性资料,即有关市场调查公司等提供的调查资料。

获取二手资料的优点是收集成本低,而且可以立即使用。但二手资料中可能没有调研人员所需资料,或资料已明显过时、不准确、不完整或不可靠。这时必须收集更切题、更准确的一手资料。

(2)一手资料。一手资料又称原始资料或实地调查资料,是调查者为实现当前特定的调查目的专门收集的原始信息资料。所以大多数的市场调研项目都要求收集一手资料。常规的方法是先与某些人单独或成组交谈,以了解大致的想法,接着确定正式的调查方法,然后进行实地调查。

一手资料的主要来源是旅游者,其次是中间商和旅游企业内部资料信息。收集一手资料的调查方法有四种:观察、专题讨论、问卷调查和实验。这是进行市场调研的一般方法。一手资料的特点是有目的性,时效强,特别适宜分析那些变动频繁的、敏感性的要素。但耗费时间长和资金成本高。

4. 分析信息

资料收集完成后,旅游市场调研人员应对资料进行整理、分析,从资料中提取与目标相关的信息。

信息分析主要有两种方法。一是统计分析方法,常用的是计算综合指标(绝对数、相对数以及平均数)、时间数列分析、指数分析、相关和回归分析、因素分析等。二是模型分析方法,模型是专门设计出来表达现实中真实的系统或过程的一组相互联系的变量及其关系。分析模型主要包括描述性模型和决策性模型。

描述性模型中常用的是马尔可夫过程模型和排队模型。马尔可夫过程模型可用来分析预测未来市场份额变化的程度和速度;排队模型用来预计顾客的消费决策与等候的关系。

决策性模型中常见的是最优化模型和启发式模型两种。最优化模型一般通过微分学、线性规划、统计决策理论以及博弈理论来辨别不同决策方案的价值,力求从中进行最优选择。启发式模型则应用启发性原则,排除部分决策方案,以缩短找寻合理方案所需的时间。

5. 撰写旅游营销调研报告

市场调研人员对市场调查活动中面临的问题进行调研后,将调研的结果写成调研报告进行书面陈述。所以调研活动最终结果的体现是调研报告。

调研报告的编写要力求观点正确、材料典型、中心明确、重点突出、结构合理,一般包括以下的内容。

(1)前言。前言用于说明本次市场调研应回答的问题、调研目标、调研方法、调研对象、调研时间、调研地点,以及调研人员的情况。

(2)正文。正文是调研报告的主体,应包括对调研问题的研究结果及其分析,解释及其回答。

（3）结尾。结尾可以提出建议，总结全文，指出本次活动的不足，以及对决策的作用。

（4）附录。附录包括附表、附图等补充内容。

二、旅游营销计划

（一）营销计划的概念

"营销计划"作为动名词短语使用时，是指一个组织或企业对未来某一时期营销工作方案的策划和编制工作。就旅游业而言，这一意义上的"营销计划"是指一个旅游企业或旅游目的地根据对旅游供需市场的发展态势以及自身所处地位的分析，对未来特定时期内所要实现的营销目标以及实现这些目标的战略途径和行动方案进行系统策划的工作过程。这一工作的目的是"使未来的营销决策工作能够迅速而经济地进行，从而尽可能减少对经营时机的延误"。

"营销计划"作为名词使用时，是指一个旅游企业或旅游目的地所制定的、旨在规定和记录自己在未来特定时期内计划实现的营销目标以及为实现这些目标而做出的战略途径和行动方案安排的一种书面文件。结合旅游业而言，这一意义上的"营销计划"是指用于指引一个旅游企业或旅游目的地营销组织开展市场营销工作的书面文件。

（二）营销计划的类型

1. 按照战略和战术关系分类

（1）战略性营销计划。战略性营销计划是基于对现有市场形式和机会的分析，制订最广泛意义上的营销目标。战略营销计划是一种长远性规划，通常指三五年或更长时期的规划。战略性营销计划是企业总体经营中非常重要的组成部分，它着眼于长远性的营销策略，分析市场、细分市场、评估竞争对手的产品等，设计制定有效应对市场环境变化的战略。

战略性营销计划的主要内容包括战略目标、定位、营销预算、营销战略四部分。

① 战略目标。战略目标一般为旅游企业或旅游目的地在计划期内所要实现的市场地位，通常需要就一定时期内的目标客源市场、所供产品的类型、目标销售量、目标营业收入、目标市场份额等方面的计划指标做出大体规定。

② 定位。战略性营销计划中通常会涉及计划期内企业或目的地所要执行的产品定位，以及所要树立或强化的品牌形象。企业/目的地旅游产品在目标市场心目中的形象一般指在目标消费者心目中的形象，但也涉及在旅游中间商心目中的形象。实际上，这也是一种软性的战略营销目标。

③ 营销预算。营销预算是为实现营销工作的战略目标而计划投入的经费。

④ 营销战略。营销战略是实现营销目标而选用的基本战略途径。

（2）战术性营销计划。战术性营销计划是描述一定时期内具体的营销战略，包括广告、销售、定价、渠道、服务等。它是企业在实施特定的营销战略时所明确的短期行动和实施细则，它使得战略营销规划得以展开并变得可操作。在旅游实务中，人们所谈论的营销计划通常都是指这类短期性的战术性营销计划，尤以年度营销计划为其中的典型战术性营销计划。

市场营销工作的大量实践活动往往都是在短期内发生的，属于战术性范围。企业通过战术性营销计划的制订和运用,即把市场营销组合策略运用于目标市场,以实现企业的营销活动的目标和企业的经营目标。

通过企业战略计划的制订,为企业的发展指明方向,而通过企业市场营销战术性计划的制订和执行,保证企业战略计划目标的实现。战略营销计划规定了企业目标市场的选择和市场的定位,为企业具体如何开展市场营销活动指明了方向,而战术营销计划是对各种市场营销可控因素的运用,以保证企业营销活动目标的实现。

2. 按照时间长短分类

可分为长期计划、中期计划和短期计划。长期计划的期限一般为 5 年以上,主要是确定未来发展方向和奋斗目标的纲领性计划;中期计划的期限一般为 1～5 年;短期计划的期限通常为 1 年,如年度计划。

3. 按照计划涉及范围分类

可分为总体营销计划和专项营销计划。总体营销计划是企业营销活动的全面、综合性计划。专项营销计划是针对某一产品或特殊问题而制订的计划,如品牌计划、渠道计划、促销计划、定价计划等。

(三) 旅游营销计划的编制程序

在编制营销计划方面,不仅不存在整齐划一的标准模式,而且营销计划文本中的内容结构也不尽相同。大多数的营销计划包括以下内容。

1. 现状分析

现状分析是营销计划编制过程中初始阶段的工作,主要包括以下几个方面。

(1) 市场状况:包括市场的规模、成长状况以及本企业在该行业的市场占有率,旅游者需求状况及其他有关的营销环境因素等。要了解市场状况需要对以上因素进行分析提出合理的基本结论。

(2) 旅游产品状况:应明确本企业产品的实力、价格水平、为企业贡献利润的大小。

(3) 竞争状况:对主要的竞争者进行分析,并逐项描述其规模、目标、市场份额、产品质量、营销战略和其他特征,以便恰如其分地了解其意图和行为。

(4) 分销状况:应了解本企业产品到达消费者手中的销售渠道和每个分销渠道上的发展变化,注意分销商在力量上的变化以及激发他们分销积极性的价格和交易条件。

2. SWOT 分析

在现状分析的基础上,营销经理需要辨认在计划期内公司所面临的优势与劣势、机会与威胁的问题,这就是战略管理理论中的 SWOT 分析。S (strength) 代表优势,W (weakness) 代表劣势,O (opportunity) 代表机会,T (threat) 代表威胁。在分析自己的优势时,可对照竞争者的情况考虑自己在以下方面的优势:来自产品方面的优势、来自选址或坐落地点方面的优势、来自历史遗产方面的优势、来自员工队伍方面的优势、来自管理及专业技术方面的优势。与优势相比,劣势是指企业不敌竞争者或弱于竞争者的方面。在编制营销计划的过程中,营销经理对企业的劣势所在也必须识别清楚,如设施老旧、产品过时、服务质量低劣、员工粗鲁无礼等都属于劣势的典型表现。一旦识别出劣势,便需考虑在营销计划执行期内如何采取管理行动减小这些劣势的影响,或者在可能的条件下将其消除。机会和威胁是指能够影响企业前途的外部因素。营销经理应辨明企业所面临的主要机会和威胁，把它们记录下来，以便提出一些可能采取的行动；还应对机会和威胁进行分类，以便对一些较重要的问题有足够的注意。

3. 营销目标

旅游企业在对现状分析和 SWOT 分析的基础上，应制订科学合理的营销目标。营销目标是营销计划的核心部分。营销目标是有时间限制的，即在一个规定的时期内（如一年）所要达到的目标。对旅游企业来说，营销目标主要是指以利润为核心的目标，涉及销售额、销售量、利润率、投资收益率、市场占有率等。

4. 编制营销预算

营销预算是一个组织或企业为实现计划期内的营销目标，确保营销活动的有效开展而需要拨付的经费，也可以说是营销计划编制人员经过分析和判断认为在支持营销目标的实现方面所需安排的营销工作经费。但在实际工作中，对于营销预算中应包括哪些方面的开支，各组织或企业可能会有不同的安排。在旅游业中，营销者编制营销预算的做法不尽相同，一般可分为四种：有能力支付法、营业收入百分比法、竞争对等法和目标任务法。

（1）有能力支付法（affordability method）。有能力支付法是指旅游企业或旅游目的地营销组织根据自己的资金能力，将特定数额的资金确定为营销计划执行期内的营销预算。这一做法的优点在于容易实施，无须花费很多的时间和精力，但过于简单化。由于这种做法是以组织的支付能力为依据的，因而其风险可想而知。其中最明显的风险是，由于它不是以实现营销目标所需开展的营销活动为依据，因而可能导致组织或企业开展某些没有成效的营销活动。

（2）营业收入百分比法（percentage of sales method）。这一做法有时又称基于经验的预算编制法，是指按目标营业收入的某一百分比确定营销计划执行期内的营销预算。

（3）竞争对等法（comparative parity method）。这种营销预算编制法主要为旅游企业所应用，是指参照企业主要竞争对手的营销预算规模确定营销预算额。这种做法依据的假定是，企业的营销开支无论如何不能低于主要竞争对手，否则，自己的市场份额难免会被竞争对手蚕食。这种预算编制法使用起来很容易，只需了解主要竞争者的营销预算情况即可。但主要缺点在于，它忽视了不同的旅游企业在目标市场、营销目标、所使用的营销组合手段等方面可能存在的差异。所以，虽然在营销预算上紧跟竞争者是一种不错的做法，但若仅以此为依据确定企业的营销预算，难免会出问题。

（4）目标任务法（objective and task method）。这一做法是指旅游企业或旅游目的地营销组织根据为实现营销目标而需开展的各项促销活动，分别测算开展这些促销活动所需的费用，然后汇总形成营销计划执行期内的营销预算。这一做法也称为叠加法。因为它是自下而上地建立预算，而不是先确定预算总额，然后考虑如何分配。

从本质上讲，前三种方法都是不科学的。因为它们使用的依据要么是组织的支付能力，要么是过去的经验数据，要么是有关竞争对手预算情况的市场情报。由于这些方法用起来比较简便，因而为旅游营销者广泛采用。事实上，这三种方法都只能确定营销预算总额，难以说明或根本无法说明营销预算总额该如何分配使用。在实践中，目标任务法也有其局限性。主要表现在，采用这种方法编制营销预算往往耗费大量的时间，并且很大程度上需要依靠对未来促销活动的判断，具体实施起来不容易。特别是对那些有多项营销目标、以多种产品面向多个目标市场开展经营的旅游企业来说，这一做法的实施难度更大。尽管存在这一局限，目标任务法仍是一种科学的、值得提倡的营销预算编制方法。

5. 营销组合策略的筹划与安排

在这一阶段的工作中，营销计划编制人员需要考虑的问题是如何促成营销目标的实现。这意味着编制人员不仅需要策划实现目标的战略途径，而且需要为每一个产品/市场组合制定合适的营销组合策略。营销组合（marketing mix）是现代市场营销理论中的重点概念之一，是营销者在实现营销目标的过程中选用的一系列营销手段。按照人们普遍接受的观点，经典的营销组合由"4P"组成，即产品（product）、价格（price）、促销（promotion）、销售渠道（place）这四种营销工具或营销手段。

在编制营销计划过程中，这一阶段的工作任务是：为了实现既定的营销目标，编制人员需要考虑和筹划营销计划执行期内所需实行的产品策略、价格策略、促销策略和销售渠道策略。

6. 控制

旅游市场营销计划的最后一部分是计划控制的若干规定。目的是监控整个计划的顺利实施。通常要将旅游市场营销计划的目标和预算按月份或季度分解，以利于企业的上层管理部门进行有效的监督、检查，督促未完成任务和未达到目标的部门和人员改进工作，确保旅游市场营销计划的完成。另外，为预防意外情况的发生，在计划控制部分还应有意外应急计划，规定在发生一些超出正常计划时出现的不利于企业市场营销活动的情况时，旅游企业应采取的应急步骤和防范措施。

三、旅游产品促销

（一）旅游产品促销的概念

旅游产品促销是指旅游企业通过各种传播媒介向目标旅游者传递有关旅游企业和旅游产品的信息，帮助旅游者认识旅游产品所能带来的利益，引起旅游者的注意和兴趣，刺激旅游者的需求，影响旅游者的购买行为，从而达到促进旅游产品销售的目的。简而言之，旅游企业促使旅游者对旅游产品产生消费愿望的行动，就是旅游产品促销。

（二）旅游产品促销的作用

促销工作在旅游营销中的作用，可归纳为以下四点。

1. 提供或传播企业或旅游目的地旅游产品的信息

旅游产品促销的直接作用是提供或传播企业或旅游目的地旅游产品的信息，实现旅游产品生产者与旅游最终消费者之间的沟通。旅游企业通过各种促销手段，将旅游产品、旅游企业和旅游目的地的信息传送到消费者那里。潜在旅游者通过促销信息，了解旅游目的地或旅游企业的何种旅游产品能够满足其需求，进而产生可能的购买行为。

2. 刺激市场需求，鼓励目标消费者选购企业或旅游目的地的旅游产品

旅游企业通过形式多样的旅游产品促销手段，可以刺激市场需求，甚至创造和引导特定旅游产品的消费需求，从而增加旅游企业的市场销售量，使其获取更多利润。如康养旅

游的兴起，都与相应的促销活动有关。

3. 宣传和塑造企业或旅游目的地旅游产品的形象

旅游企业通过生动而有说服力的旅游产品促销活动，塑造友好、热情、服务周到以及其他人格化的良好旅游服务形象，赢得更多潜在旅游者的喜爱。

4. 稳定或扩大企业及旅游目的地旅游产品的销售量和占有的市场份额

旅游产品促销是传播旅游产品市场定位特色的主要手段，它通过对同类旅游产品某些差别信息的强化传递，对不同具体产品（服务）的特色起到聚焦、放大的作用，进一步稳定或扩大企业及旅游目的地旅游产品的销售量和占有的市场份额。

（三）旅游产品促销策略与促销活动计划的制订

在旅游营销研究文献中，促销策略又称促销决策，通常指旅游企业或旅游目的地营销组织在促销信息、目标受众、促销预算、促销组合、促销效果测量以及整个促销过程的管理与协调等方面决策的总和。

一般来讲，促销活动的策划过程主要包括以下五个阶段。

1. 确定促销活动的目标受众

在这一阶段，营销者的主要任务是准确地界定促销活动所针对的目标受众是哪些人群，并了解他们所追求的利益。

2. 明确促销活动的宗旨

旅游营销者开展促销活动的具体目的可能有很多，但无论如何，在策划开展某促销活动时，营销者都应在明确目标受众的基础上确定该促销活动的宗旨。就多数情况而言，无论是旅游企业还是旅游目的地营销组织开展促销活动的基本宗旨都在于提升企业或旅游目的地旅游产品的市场知名度，以及打造企业或旅游目的地旅游产品在目标消费者心目中的形象。具体而言，这一基本宗旨要使目标消费者人群得知企业或旅游目的地的存在，了解企业或旅游目的地提供哪些类型的旅游产品，这些产品的定位及这些产品与其他同类竞争产品相比具有哪些特色等。

3. 确定促销活动的预算

就旅游企业而言，编制促销活动的预算通常采用销售额百分比法或者目标任务法。

4. 选择促销组合

在具体选择促销组合时应对各种促销方式进行分析，选择最有效的促销方式。

（1）广告。广告是一种高度大众化的信息传播方式。对旅游企业来说，广告是一种促销宣传手段，是旅游企业和旅游目的地营销组织通过出资购买社会媒体的版面或播映时段，面向目标受众开展的信息传播活动。

依据所使用的传播媒介，可将广告划分为报刊广告、广播电视广告、招贴广告、其他类型的广告。依据开展宣传的目的，可将广告划分为通知型广告、劝诱型广告、提醒型广告。依据所面向目标受众的类别，可将广告划分为消费者广告、（面向中间商的）行业广告。依据信息的表现形式或媒介特点，可将广告划分为名人作证式广告、比较式广告、交互式广告、直接回应式广告、独立式插页广告等。

（2）公共关系。公共关系的主要目的是和公众达成良好的关系。旅游业中常用的公关活动开展方式包括：向新闻媒体提供与企业或旅游目的地有关的新闻稿件，以及参考资料，包括文字材料、照片、光盘、录像等，以备其工作中的不时之需；举办有关企业或旅游目的地最新发展情况的新闻发布会；面向特定的公关对象举办招待会或联谊活动；在旅游交易会以及其他公众会议上介绍和宣传企业或旅游目的地的有关情况；邀请电视台和广播电台的有关节目组人员、报刊旅游栏目的记者、旅游中间商以及经常批量购买的团体客户等前来进行参观和熟悉情况，并为其提供详细的文字材料和照片；邀请有影响力的重要人物和社会名流前来光顾企业或旅游目的地，以吸引新闻界的报道；举办或承办有影响力的重大活动，以吸引新闻界的报道；提供赞助——对象包括运动会、节庆活动、电视节目，尤其是天气预报节目、电视连续剧，经济上处于弱势的公众团体，例如学生或慈善团体等，以提升企业或旅游目的地的知名度和社会形象；建立和维护组织或企业与新闻界的联系。

（3）人员推销。人员推销通常是指通过销售人员与目标客户直接交往的方式，游说后者购买本企业产品或服务的营销传播活动。在旅游业中，人员推销活动的开展方式主要有三种：销售性拜访、电话推销、参加旅游交易会。人员推销的优点是：能与顾客面对面，有利于沟通；针对性强，可直接促成交易；易培养与顾客的感情，建立长期稳定的联系。人员推销的缺点是：覆盖面小，传播效率低，平均销售成本较高；对推销人员的要求较高，需要经过专业培训。人员推销促销方式主要适用于目标市场和旅游中间商。

（4）销售促进。销售促进是一种短期内刺激销售的促销方式。其优点是：对顾客的吸引力大，刺激性强，能迅速激发顾客的需求，在短期内改变顾客的购买习惯。其缺点是：注重短期销售利益；使用不当可能导致顾客的不信任。

5.评估和控制促销活动的效果

评价促销活动时，首先应明确促销的目标，再根据市场调查，对产品销售量、知名度等促销的实际效果和预期目标进行综合比较。旅游企业应该对促销组合策略进行定期检查，并随着市场内外环境的变化对其进行及时修订。评估的目的在于控制和调整促销活动。

思政园地

铜川照金：弘扬照金精神 传承红色基因

照金香山风景区位于陕西省铜川市耀州区西北部，是国家4A级景区、全国百家经典红色旅游景区之一、国家级爱国主义教育示范基地、全国青少年教育基地、中国延安干部学院、陕西省行政学院的现场教学体验点、国家级丹霞地貌地质公园、陕西省21个重点景区之一和省级重点文物保护单位。景区以"革命圣地、观音圣殿"为主题形象定位，以红色革命游、绿色生态游、佛教文化游为主，是一个集革命传统教育、宗教文化洗礼、休闲度假怡情为一体的大型综合性景区。照金香山主要景点有陕甘边照金革命纪念馆、薛家寨革命遗址、红军兵营旧址、陈家坡会议旧址和大香山等。20世纪30年代，刘志丹、谢子长等老一辈革命家在照金组建了中国工农红军第二十六军，革命先辈们在照金浴血奋战，开辟红色热土，形成了以"不怕牺牲、顽强拼搏的英雄气概；独立自主、开拓进取的创新勇气；从实际出发、密切联系群众的工作作风"为主要内涵的照金精神。照金精神是西北革命根据地得以存在和发展的精神动力，是中华民族精神的重要组成部分，是党的宝贵精神财富。占地13 000平方米的陕甘边照金革命根据地纪念馆于2004年建成开放，成为广大游客接受爱国主义教育和国防教育的绝佳场所。

照金香山景区拥有众多白垩纪宜君砾和凤凰山砾岩构成的石质山峰，沟溪纵横，山峦起伏，属典型的丹霞地貌，基本保持半原始的山地森林状态。其薛家寨、九龙寨、张果老崖、桃坡崖、骆驼顶、天华堡等巨大的砾岩崖体，气势磅礴，雄伟壮观，具有"华山之险"。植被为典型的天然次生林，植物种类繁多，季相变化丰富，山沟锦绣，绚丽多彩，具有"南山之秀"。

课后，请结合"旅游营销调研、旅游营销计划、旅游产品促销"三个知识点，为照金香山景区设计一份不少于2 000字的红色旅游营销推广策划方案，要求策划方案中主要推广红色革命游，开展"重走长征路、学党史、明初心"等为主题的系列活动策划。要求策划方案可行性强，最终目的旨在提升照金香山景区的旅游经济收入的同时，让游客学习艰苦奋斗、顽强拼搏、不畏艰险、勇往直前的长征精神，传承红色基因，汲取前进力量。

本章主要阐述了旅游产品、旅游市场、旅游产品营销三部分内容。分析了旅游产品的概念、构成及特点，探讨了旅游市场的构成要素、旅游市场细分的依据、目标市场策略，并且从旅游营销调研、旅游产品促销策略与促销活动计划的制订等方面进行了分析。旅游产品分为整体旅游产品和单项旅游产品。旅游产品的特点主要表现为以下几个方面：综合性、无形性、不可转移性、生产与消费的同时性、文化性、不可储存性、后效性、脆弱性。促销活动的策划过程主要涉及五个阶段：确定促销活动的目标受众、明确促销活动的宗旨、确定促销活动的预算、选择促销组合、评估和控制促销活动的效果。

一、填空题

1. 旅游产品是指旅游者支付一定的_____、_____、_____所获得满足其旅游欲望的经历。

2. 单项旅游产品是指_____、_____及交通、游览娱乐等方面的产品（或服务）。

3. 旅游者流向与旅游者流量之间的关系是_____、_____的。

4. 依据所使用的传播媒介，可将广告划分为_____、_____、_____及其他类型的广告。

5. 在旅游业中，人员推销活动的开展方式主要有_____、_____、_____三种。

二、简答题

1. 旅游产品的供给构成要素有哪些？

2. 简述旅游产品的特点。

3. 集中性目标市场策略的优缺点有哪些?
4. 简述促销工作在旅游营销中的作用。

学习案例

600岁故宫追求时尚玩电商

说起故宫,你的印象是什么?气势恢宏、庄严肃穆还是古典神秘?说起博物馆文创纪念品商店,你的印象是什么?仿古的商品、高昂的价格还是可近不可亲的姿态?在移动互联网时代,"故宫淘宝"以新风格吸引了消费者的关注,实现了传统文化品牌的新价值。

1. 产品:玩转"萌系"创意

"故宫淘宝"的产品从外观上看以可爱风格为主,如近年来推出的猫挂件、锦衣卫手机架、格格书签等,把流行的"萌文化"与传统元素相结合,让宫廷里的格格、皇上也开始"卖萌",与此同时尽力还原传统文化元素。例如,一款名为"朕不能看透"的眼罩就取自雍正帝的奏折资料,并且在设计眼罩上的刺绣时尽力还原雍正的字体。

2. 价格:亲民接地气

文创产品的设计制作注重独创性,所以每类产品的设计都会单独开模,且每类产品不会积压过多,因此与同类普通商品相比价格偏高。而"故宫淘宝"所售商品以日常用品为主,定价在购买者可以承受的范围内。

3. 渠道:线上线下齐头并进

故宫博物院文创产品的分销不仅有线上渠道,还有线下渠道。故宫博物院在淘宝网开设了"故宫淘宝"官方店铺。故宫博物院附近设有两家故宫文创实体店,所售商品价格与线上淘宝店一致,主要顾客群体是参观故宫的游客。

4. 促销:多种形式与消费者互动

在宣传推广方面,"故宫淘宝"在微博、微信设有官方微信号和微博号,同时开发了"皇帝的一天""故宫社区"等多款APP,充分运用新媒体进行网络营销。"故宫淘宝"通过微信公众号发布的《朕再也不许别人说你土》一文科普了中国山水画相关知识,并且说明了"故宫淘宝"如何提取山水画元素重新打造"端午花草系列古风香囊"。这篇文章的阅读量在十天之内就达到了十万多,既宣传了传统文化,又提高了故宫博物院的影响力。

问题:

1. 请结合本案例,分析故宫文创产品促销成功的原因。
2. 结合本章所学的理论知识,进一步谈谈旅游产品促销的技巧。

第六章　旅游影响

(1) 了解旅游对社会文化的影响。
(2) 理解旅游业发展对环境的影响。
(3) 掌握旅游业发展对经济的有利影响和不利影响。

(1) 通过讲解旅游对经济、社会文化和环境的影响,提升学生的环保意识和社会责任感。
(2) 引导学生树立正确的旅游营销观和旅游文化观,培养学生良好的旅游职业道德素质。

第一节　旅游的经济影响

旅游业在我国经济发展中占有举足轻重的地位,对扩大内需、吸引投资、刺激消费、增加外汇收入、改善人民生活质量、促进就业与经济增长等均具有重要作用。旅游活动一般会给当地经济带来正面和负面的影响,通常被称为正负旅游经济效应。旅游影响又称旅游效应,是由于旅游活动而引发的各种利害关系。下面从正负两个方向探讨旅游对经济的影响。

一、旅游业发展对经济的有利影响

(一) 旅游业在一定程度上促进经济的发展,为经济发展注入新的活力

旅游业有较快的发展速度,是生命力很强的产业,能够对国民经济发展起到明显拉动作用。从国际上看,从 20 世纪 60 年代开始,旅游业一直保持着较快的发展速度,其产业规模不断增大,对世界经济发展所起的作用日益增加。2019 年全球旅游总人次(包括国内旅游人次和入境旅游人次)为 123.10 亿人次,较 2018 年增长 4.6%;全球旅游总收入(包括国内旅游收入和入境旅游收入)为 5.8 万亿美元,相当于全球 GDP 的 6.7%。2019 年,旅游业对我国 GDP 的综合贡献占比达到 11.05%,逐渐成为国民经济新的增长点。

学者们通常借助旅游收入依存度、旅游业贡献率等因子来测算旅游产业对经济增长的依存与贡献度。

(1) 旅游收入依存度。旅游收入依存度是指某个国家或地区的旅游总收入占本国或本地区 GDP 的比重,反映了某个国家或者某个地区的经济对于旅游产业的依赖程度。

(2) 旅游业贡献率。旅游产业对经济发展贡献是指旅游产业增加值对 GDP 的贡献。

旅游业贡献率用来衡量某国或地区旅游消费的增长对国家或地区生产总值增长所做的贡献，旅游业贡献率越大，表示旅游业增长对地区 GDP 增长的贡献程度越大。

小知识

旅游经济效应

旅游经济效应也称旅游经济影响，是指旅游业对旅游地国家、地区在经济方面所产生的作用及影响。旅游经济效应评价以旅游业对经济的影响为研究对象，运用定量的方法进行研究，以达到客观评价旅游业对国民经济发展的影响、确定旅游业经济地位、优化旅游产业结构、制定正确旅游产业政策和促进旅游产业增长方式转变的作用。对旅游经济效应的预测方法很多，对预测绩效检验的方式也很多。一种是准确性检验，为了便于分析，假定中国旅游经济效应变量有两组预测值，通过对这两组预测值的准确性进行比较，从而确定科学的预测方案。旅游经济效应评估预测绩效的另一个标准是预测涵盖性检验。不同的经济预测模型具有不同的信息内涵（information content），预测涵盖性检验所决定的是该模型的预测值是否包含竞争模型（competing model）中所有的信息。通过对这两种方式进行相关的检验，最后可以得出结论。

（二）旅游业可以带动相关产业的发展

旅游业是综合性较强的服务性行业，包括住宿、交通、游览、餐饮、购物和娱乐等项目，游客的旅游活动能够直接刺激消费，住、行、饮食和购物等项目能带动餐饮业、交通运输业、食品加工业、服装制造业、手工制品业和通信行业等关联产业的发展。旅游业的发展对相关行业有着超高的贡献率。世界旅游组织公布的资料显示，旅游业直接收入 1 元，相关行业可以收入 4.3 元。通常用旅游业拉动率来测量旅游产业对国民经济相关产业的带动作用。旅游业拉动率越大，对国民经济相关产业的带动作用越强。

旅游业对关联产业的拉动效应显著。2012—2015 年，旅游业对交通运输业增加值的拉动贡献率超过 80%，比交通运输业对旅游业增加值 50% 的贡献率多 30 个百分点。其中，旅游业对民航运输及辅助服务的贡献率超过 90%，对铁路运输及辅助服务的贡献率超过 80%，对水上运输及辅助服务的贡献率超过 30%，对公路运输及服务辅助的贡献率超过 60%。旅游业对住宿业增加值的贡献率在 80% 以上，对餐饮业的贡献率超过 60%，对批发和零售业的贡献率在 30% 以上，旅游业对房地产业增加值的贡献率超过 20%，对公共管理和社会组织增加值的贡献率超过 15%，对信息传输、计算机服务和软件业增加值的贡献率超过 5%，是现代服务业中发展最为活跃的产业之一。旅游产业的转型升级是未来发展的关键。2021 年 12 月，国务院发布了《"十四五"旅游业发展规划》，明确提出我国旅游业的发展目标。到 2035 年，基本建成世界旅游强国，为建成文化强国贡献重要力量，为基本实现社会主义现代化做出积极贡献。"十四五"期间，旅游业与地产、金融、养老、文化、农业、高科技、教育、创客等多种新业态融合在一起，形成了一个庞大的旅游产业综合体系，充分发挥了旅游产品的增值效应。

（三）发展旅游业有利于产业间的互相渗透和区域经济结构的调整

我国旅游业是从接待入境旅游者起步的，早期的旅游形式是观光旅游，最早利用的是文物古迹、风景名胜、奇山异水等传统旅游资源。随着我国入境旅游规模的急剧扩大，以及国内旅游的崛起，旅游资源的范围大大拓宽。人们对旅游资源的认识不断深入，加上休闲、度假、修学、探险、考察等一系列新的旅游形式的出现，使旅游经济覆盖面急剧扩大到许多没有传统旅游资源的地区，这就为产业间互相渗透合作开辟了广阔的道路。推动旅游业与第二产业融合发展，大力发展旅游装备制造业，推动旅游业与文化、金融、交通、商务、医疗、体育等第三产业融合发展是我国发展旅游业的基本思路。

（四）发展旅游业有助于创造就业机会

旅游业的就业容量大、关联带动性强、工作方式灵活多样，这使得发展旅游业成为政府促进就业的最好选择。旅游业是劳动密集型产业，其可容纳就业数在全国就业总数中的比例超过了制造业等传统密集型产业，也超过了房地产、金融等新兴服务业。旅游业涉及的领域非常宽泛，既涵盖食、住、行，又包含游、购、娱。旅游业就业方式灵活、包容性强。旅游业涉及的领域广泛，人才的需求具有多样化特征，根据行业门类和岗位层次的不同，不同层次的劳动力都可以找到适合自己的岗位。这个产业既需要一些高学历的管理、规划人才，也需要提供简单技能的普通劳动力。另外，由于一些景区运营的季节性很强，相关岗位会有一些阶段性和流动性，使得一些岗位的弹性很大，能够以更灵活的就业形式吸纳更多的劳动力。通过为旅游活动提供接待等相关服务，可以创造大量就业机会。特别是很多旅游企业属中小企业，很多服务岗位不需要复杂的专业技能，可以为低学历人群等提供大量就业机会。

（五）旅游业可以增加国家财政收入，加速社会货币流通

旅游企业通过为旅游者提供服务获得收入，其中一部分会以税费缴纳的形式成为国家财政收入。旅游对国家财政收入的贡献，不仅来自直接从事旅游产品生产的旅游企业，还包括非旅游业中间接从事旅游业务或为旅游者提供服务的企业，由此产生的国家财政收入便更多了。旅游除了会增加国家财政收入外，还会加速一个国家的货币流通和货币回笼。

（六）旅游业可以增加外汇收入

就接待国际入境旅游者而言，其最明显、最重要的作用是增加接待国的外汇收入。一个国家拥有外汇的多少，标志着这个国家经济实力的大小和国家支付能力的强弱，要想在激烈的国际竞争中站稳脚跟，就必须开辟创汇的途径。一个国家获得外汇收入的途径有：第一，贸易收入，是指商品出口的收入；第二，非贸易收入，是指有关国际保险、运输、旅游、利息、居民存款以及外交人员费用等方面的外汇收入；第三，资本外来收入，是指对外投资和贷款方面的外汇收入。旅游外汇收入是非贸易收入的重要组成部分，从创汇意义上来看，接待国际入境旅游者同向海外出口商品没有什么区别，因此接待国际入境旅游者也是一种出口，通常称为旅游出口。一个区域接待访客进行旅游活动，其实质相当于本地将产品或劳务出售到外地，利用外部的消费获得资金注入。对于入境旅游来讲，可以获得外汇收入，其实质是一种出口。旅游出口创汇和普通商品出口创汇不同，前者是通过外国旅游者到本国来实现的，属于非贸易的创汇途径；后者是通过外贸途径，将本国产品运到国外去实现的。旅游业在非贸易创汇中，较其他产业具有换汇成本低、就地出口、创汇方便等优势，因此，旅游业的发展在增加外汇收入、平衡国际收支方面起到重要作用。

（七）发展旅游业有助于营造良好的投资环境

发展旅游业可以从多个方面改善投资环境，加深中外经济的合作与交流。旅游业增进了国与国、人与人之间的交流和了解。许多海外人士都是通过旅游的方式来到中国，了解中国的投资环境，从而增强了与我国经济合作的信心。

旅游业提供了中外经济合作必要的物质条件。发展旅游业必定会加快通信、交通等市政基础设施以及饭店、公寓、写字楼和娱乐场所等旅游设施的建设，为外商来华投资提供了食、住、行等多方面的便利条件。因此，以做好食、住、行、游、购、娱综合服务为特征的旅游业，其基础设施和服务水平已经成为外商投资环境的重要组成部分。

国际旅游业促进了各国科技人员和信息的交流。在旅游者队伍中有大量的科学家、学者和企业家，这些旅游者带来了许多最新的科技信息和技术，与其进行交流，可以促进了经济、文化和科技的发展。这种民间交往形式起到了官方外交所不能起到的作用。

二、旅游业发展对经济的不利影响

旅游业发展对经济也会带来一些不利的影响。旅游者的大量涌入会引起本地的土地价格、房地产价格、普通物价上涨和资源供给紧张。如果地方经济过分依赖旅游业，有可能影响当地的经济稳定。旅游活动具有很强的敏感性，各种危机都会导致旅游活动衰退，影响经济发展。旅游活动的季节性和旅游产品的不可贮存性也会造成旅游经济的波动。旅游活动对区域经济具有很大依赖性，旅游活动的综合性意味着旅游活动需要大量相关部门的支持，特别是交通、电力、通信等基础行业的发展程度对旅游业的发展形成很大的影响。很多地区由于所处区位较差以及不具备基础条件，发展旅游业需要大量的前期投资。

第二节　旅游的社会文化影响

旅游活动与社会文化相互影响，旅游活动与社会文化的关系是一种辨证的互动关系。社会文化主要是指旅游目的地社会文化和客源地社会文化。

一、旅游对社会文化的积极影响

旅游活动对社会文化的积极影响是非常显著的。这不仅表现在对旅游地社会文化（旅游地居民）与客源地社会文化（旅游者）方面的积极影响，而且表现在对文化产业的积极影响。

（一）旅游对旅游目的地社会文化的积极影响

1.促进旅游目的地社会文化的对外交流

旅游活动对文化沟通和文化交流的促进优势十分明显。对于旅游目的地的文化具有传播作用，旅游业的发展使得各民族地区以及许多的旅游目的地会开发出许多各具特色的旅游文化产品，虽然旅游开发商开发特色产品是出于营利性目的，但这样的开发有助于游客了解旅游目的地的特色文化，有助于旅游目的地文化的传播，也有助于提高民族认同感。不同时期、不同民族、不同地域的旅游者或多或少都会存在文化差异，旅游文化产品可以呈现出文化多姿多彩的格局和文化内涵。旅游者离开长居地到达一个新的地方会接触到不同的文化。旅游的发展可以促进不同地区的文化的交流与认同；旅游是一种双向的活动，游客到目的地能够体验当地的文化，同时，游客也可以带去自己地区的文化，多种文化的碰撞有助于不同文化之间的交流，以丰富文化的内涵。

2. 促进旅游地传统文化的保护与传承

旅游业对传统文化的保护不是将其封闭起来的静态保护，而是以文化交流、互动的方式实现的动态保护，这种保护是基于发展视角的保护，其实更是一种与时俱进的保护。例如山西的平遥古城，在旅游业没有发展起来之前，差点被拆掉，随着旅游业的快速兴起，地方人们意识到平遥古城是一个绝佳的旅游资源，自觉地强化了古城的保护。

由于了解和体验不同文化是旅游者的主要动机之一，旅游地在旅游开发中就有可能重视历史文化遗产的保护、开发和利用，以便尽可能多地吸引旅游者。"二战"以来，随着世界旅游业的蓬勃发展及旅游产业经济优势的凸显，许多国家或地区都逐渐对民族传统文化采取了系统的保护、挖掘和利用措施，以使本国、本地旅游业更具特色和魅力。因此，一些原先几乎被人们遗忘了的传统习俗和文化体育活动又得到开发与恢复，如西安市抢救整理了仿唐乐舞；几近湮灭的文物古迹得到维护、整修甚至重建，如我国的江南三大名楼；更有意义的是一些国家或地区从经济建设总体的高度研究民族传统文化的保护和发展，把民族传统文化遗产的保护和开发纳入城乡总体建设规划之中。因此，世界旅游组织指出，具有文化价值和旅游价值的东西，旅游有能力保护、拯救和复兴它们。当然，所有这些原先几乎被抛弃的传统文化遗产之所以能够获得前所未有的重视，确实如法国研究旅游社会学的朗卡尔所说，是因为旅游业所能带来的"实惠"，而不是因为它们对当地居民所代表的价值。

3. 促进旅游地社会文化的现代化

首先，旅游能促进旅游地社会文化在物质层面的现代化。其次，旅游能促进旅游地科学技术水平的提高。最后，在旅游活动的影响下，旅游地社会的行为方式、价值观念会发生演变，总体上会更加趋向开放化、国际化、现代化。

（二）旅游对客源地社会文化的积极影响

旅游者是客源地社会文化的载体，旅游活动对客源地社会文化的积极影响是通过旅游者实现的。

1. 增强旅游者所属民族的内聚力，提升旅游者素质

来自同一地区的旅游者往往具有本民族的某些特征和共性，当他们与目的地居民接触时，文化的差异与冲突便突显出来，于是某种一致和亲近感出现在旅游者群体中，冲突又促进着群体的团结，整合着他们内部的一致性。来自同一国家或地区的旅游者会自觉使用内部的语言或其他特定的方式交流，这种小集团的共性与其他集团之间形成了鲜明的差异性，因此在旅游活动过程中，每个成员更多地趋向于团体活动而非个人活动，这无形中整合了集团内部的一致性。世界旅游组织1981年颁布的一项考察报告也表明：从社会文化观念出发，旅游对输出国的影响是积极的，它有利于加强旅游者所属民族政治共同体的内部一致性。

旅游活动对提高旅游者素质具有突出作用。素质包括身体素质也包括文化素质。中国

自古就有"读万卷书，行万里路"的说法。旅游可以开阔视野、增长见识，对于旅游者的身心发展都有很积极的作用。特别是对青少年而言，更多地参与到旅游中，有利于其全面健康地成长。在国际上许多国家都支持年轻人开展游学活动，其看重的正是旅游活动的这种突出功能。

2. 调剂旅游者的生活，促进客源地社会文化的休闲发展

通过旅游与休闲来调剂生活、丰富人生成为现代人的基本追求。旅游能够调剂生活在于旅游不仅使人们暂时摆脱了日常的工作与义务，而且旅游提供给人们运动健身、保健享受、娱乐休闲、观光审美等放松身心的机会，从而唤起旅游者对生活的热情。因旅游休闲的影响，客源地社会文化逐渐向休闲发展，休闲文化成为流行文化。

（三）旅游对文化产业发展的积极作用

1. 促进文化资源的旅游化利用，使其转化为文化旅游产品

从旅游业的角度看，文化资源是旅游业发展的重要资源。但从文化产业的角度看，许多文化资源如果不借助旅游市场这个渠道，就不能成为可供消费的产品。比如过去许多有形文化资源，如古村、古镇等在没有发展旅游业之前仅仅是当地居民居住的场所。但是通过旅游业，这种资源很快走向市场，成为文化旅游产业的重要组成部分。同样，许多非物质文化遗产，也是在旅游业发展的过程中实现了自身的经济价值。

2. 延伸现有文化产品的销售市场，扩大文化产业的规模

体现这一作用最典型的例子是手工艺品。在没有旅游业的时候，许多手工艺品大多是在区域内进行小规模的市场交换。例如，苗族的刺绣工艺品，主要是在集镇上进行销售。随着旅游业的发展，大量的游客取代当地居民，成了这些手工艺品的主要销售对象。像云南大理鹤庆的新华村，每年向游客销售银器制品带来的收入就超过1亿元。

3. 催生一批全新的、面向游客的文化产品和服务，丰富文化产业内容

近年来，许多直接针对旅游市场开发的演艺项目都取得了成功。例如，早期依托阳朔山水推出的实景演出"印象刘三姐"，至今还受到大量游客的追捧。而像张家界的"天门狐仙"、承德的"康熙大典"等也是从丰富外地游客夜间活动出发开发的新型文艺演出。这些演出增加旅游消费的同时，实际上也成了新的文化消费热点。

4. 促进文化事业单位转化为文化产业经营实体，为文化事业发展方式转变提供新路径

深化国有文化单位改革是加快构建有利于文化繁荣发展体制机制的首要任务。其中特别提出了"推动代表民族特色和国家水准的文艺院团等事业单位实行企业化管理，增强面向市场、面向群众提供服务能力"。事业转换为产业，最重要的是要有足够的市场空间。市场越大，其转换也越容易。对许多文艺院团等事业单位来说，面向市场的方式一种是在本地演出，另一种是去外地演出。但是除了少数优秀节目有较大的外出演出市场外，多数演出主要还是要立足本地演出。但是本地演出最容易面临的就是当地居民消费能力不足的问题，这在一些中小城市更加明显，因此这就在很大程度上需要借助外地游客的消费才能保证其足够的市场体量。从这个意义上讲，如何将旅游业发展与地方文艺院团转企改制更好结合起来，对于这些文艺院团的长远发展十分重要。

二、旅游对社会文化的消极影响

旅游对社会文化的消极影响主要体现在民族文化变异、思想观念的改变、物质文化的破坏三个方面。

（一）民族文化变异

1. 文化情绪媚外

旅游业在某种程度上，能使物态文化异化。旅游者将本国或本民族的文化带进旅游目的地，冲击了当地本有的文化，当地居民可能就会盲目地认为外来的文化就是好的，盲目的学习只会冲淡本民族文化的特性，造成物态文化的异化，使各民族或各国的文化发展不再具有特色。经济发展水平相对落后的国家和地区居民，在旅游发展过程中受来自经济发达国家和地区的富有游客，以及随这些游客进来的外来经济势力的直接冲击，民族或地区的自卑感和媚外思想会逐渐加重。

2. 民俗风情、艺术品趋向商品化

旅游者满足于购买他们认为是当地正宗的典型艺术品留作纪念，旅游地手工业者却以旅游者需求为本而进行生产，艺术家和手工艺人根据旅游者的需求在逐渐改变传统风格，不再追求艺术创作，而以怪异的造型、能唤起旅游者注意的绚丽色彩，有利于包装、携带、邮寄的尺寸来设计商品，改变商品规格和生产标准。

3. 文物仿真与伪造化

许多国家都制定有禁止或限制出口文物及特殊艺术品的严格规定，以防止文化损失，便使仿真商品开始充斥市场。粗制滥造的传统工艺品或伪造的文物更因可能带来丰厚利润而大量充斥市场。

4. 传统技能消失化

许多旅游地区原本都保持有传统工艺的制造技术，这些令当地人引以为荣的手工制造艺术品凝结着劳动者的智慧与创造力。而当它们迎合多数旅游者购买需求后，其加工方式就有可能发生变化，工厂机械化批量制造出来的此类商品以低廉价格涌入市场后，传统手工业者就面临破产的境地，他们的技艺也由此被社会所淘汰。

（二）思想观念的改变

旅游者在给旅游地带来异质文化，注入文化活力的同时，外部世界意识形态中的糟粕成分也会跟随旅游者悄然而至。

1. 价值观念、社会信仰改变

伴随旅游业带动商品经济发展的同时，"金钱万能"意识也可能败坏旅游地的淳朴民风，"一切向钱看"意识在旅游地会形成风潮。旅游者来自不同社会制度的国家或地区，他们会自觉或不自觉地通过交往形式将自己的信仰及政治主张灌输给当地居民。通过与旅游者昂贵物质消费的比较，东道地区居民可能逐渐对以往受到的教育产生怀疑。

2. 伦理道德受到冲击

旅游者的言谈举止常常冲击旅游地居民固有的道德观念。一些人开始对传统道德中的真假、善恶、美丑、是非等道德标准的合理性产生疑问。随着旅游者的进入，外界道德可能改变旅游地居民的意识。

3. 民俗风情发生质变

旅游业的发展也可能使当地历经千百年历史的风俗发生质变。例如，为索取可观的小费，身穿民族服装的女服务员强拉客人与其举行"婚礼"等现象。

（三）物质文化的破坏

旅游活动对旅游地物质文化的破坏，主要包括旅游者在旅游消费活动中和旅游经营者在旅游经营活动中有意无意的破坏，其中以旅游者的破坏较为典型。

旅游者对旅游地文化遗产的损害，一类由其不当行为造成，另一类则由旅游接待造成。现实中不乏这样的现象：一些旅游者会毁掉那些他们不顾路途遥远特意去观赏的宝物；至于因游人乱刻乱画、随意丢弃废物所直接或间接导致的文物古迹的破坏，更是举不胜举；一些旅游接待为迎合旅游者过度开发、改造也会产生损害。

第三节　旅游的环境影响

一、旅游业发展对环境的积极影响

（一）促进对自然生态旅游环境的保护

旅游业发展对环境的积极作用是以有效的旅游业规划和管理为基础的。发展旅游业有助于对本地区内的宝贵自然景观进行发掘和保护，有助于保护作为旅游景点的文物古迹。此外，旅游业为环境保护提供了充足的资金，使环境保护设施和辅助设施得以建造，措施得以施行。我国境内自然风景名胜区野生动植物保护区和国家森林公园的开发建设，在一定程度上推动了对自然旅游资源和野生动植物的保护。卢旺达、肯尼亚、哥斯达黎加等国就是因为政府认识到了要想发展旅游业赚取更多的外汇，就必须保护好可吸引游客的旅游资源。同时这些国家也看到荒野生态系统及一些保护区的经济价值，所以就不断投入资金加强保护区的生态恢复和重建，从而拯救了多处一度濒于荒废的保护地和重要的荒野区。

（二）促进文化旅游资源的保护和发展

通过旅游资源开发，古建筑、古遗址、具有历史纪念意义的纪念馆等得以修复和养护，这些历史文化遗产将随着旅游活动的开展获得新生；通过旅游资源开发，反映民族特色的传统习俗和文化活动重新得到发掘和恢复，传统的手工艺品因为市场需求的扩大重新得到发展，传统的音乐舞蹈戏曲等重新受到重视并被发掘整理得以传承发扬；通过旅游资源开发，那些濒临灭绝的历史遗迹得到重新修葺维护和管理，通过博物馆进一步收集、整理、出版民间文学、民族歌舞、民风民俗方面的资料，展示民族地区多姿多彩的生产生活工具、民族服饰、文献史料、手工艺品、社区风貌、生活习俗、歌舞等。合理科学的旅游开发可以更好地保护历史文化遗产不被破坏，促进民族传统文化的保护和发展。

（三）促进环境质量的提升

旅游目的地政府多数会通过改善环境的质量来努力维持和增加旅游者的数量。这些改善措施涉及一系列环境因素，包括乡村、海滨和城市环境等。优越的环境已成为强大的旅游吸引力，旅游业的发展让人们更注意环境的保护和环境质量的提升。

（四）有利于改善资源的基础设施条件

旅游交通等基础设施是旅游活动得以实现的前提条件。为了美化环境而投资建设的基础设施既为旅游者创造了清新洁净的活动场所，也为环境保护做出了贡献。这些基础设施不仅为旅游者服务，还改善了当地居民的生活质量，优化了其生活环境。

（五）为环境保护提供了必要的资金保证

环境保护需要大量的资金，增加初期的投资，能够有效地避免那些因环境遭到破坏而带来的无可挽回的损失，并且在经济效益上也是最理想的。旅游业收入成为环境保护经费的重要来源，这无疑会有力地促进环境保护工作。

二、旅游业发展对环境的消极影响

近年来，环境保护问题引起热议，旅游对环境的影响受到重视，可持续发展理论要求保护旅游地良好的自然环境以促进旅游业的长远发展。在旅游业由高速发展向高质量发展转变的形势下，旅游对环境的影响成为旅游研究的重要话题。旅游业发展对环境的消极影响如下。

（一）对地表和土壤的影响

随着各自然区域内旅游活动的开展，旅游设施的开发与日俱增，已使很多完整的生态地区被逐渐分割，逐渐岛屿化，使生态环境面临前所未有的人工化改造，如地表铺面、植被更新、外来物种引入等。无论是陆地还是水域表面都可能受到旅游活动的影响，沙滩、湿地、泥沼地、天然洞穴、土壤等不同的地表覆盖都可能承受不同类型的旅游的冲击，尤其是地表植物所赖以生存的土壤有机层往往受到最严重的破坏。如露营、野餐等都会对土壤造成严重的人为干扰。土壤一旦受到冲击，物理结构、化学成分、生物因子等都会随之发生变化，并最终影响土壤中植物的种类与生长，昆虫、动物也会随之迁徙或减少。

（二）对植物的影响

人类的旅游活动对地表植被和植物的影响可分为直接影响和间接影响两大类。直接影响包括移除、踩踏、火灾、作为营火材料而被采集和对水生植物的危害。间接影响包括外来物种引入、营养盐污染、车辆废气、土壤流失等，这些都会间接地影响植物的生长和健康。

1. 大面积移除

大面积移除是人类旅游活动对植物的最直接伤害。比如，为兴建宾馆、停车场或其他旅游设施，会剔除大面积的地表植被，甚至还从外地搬来其他土壤进行换土，以符合工程上的要求，这无疑是对植物族群的毁灭性的行为。

2. 游客踩踏

在旅游活动对植物的影响中，游客踩踏是最普遍的。只要游客一踏入绿地，就有可能施压于植物上。游客观赏自然风景之后，势必造成植物种群的改变，即使是轻度的使用，有时也会造成重大的变化。游客对植物的踩踏行为会引起一系列的相关反应。如会影响到植物种子发芽，因土壤被踩实而导致幼苗无法顺利成长；对于已长成的植物，则可能因踩踏而导致其生理、形态等发生改变；步行道规划设计不合理，也可能影响到濒危植物的生长；游客所搭乘的交通工具常会留下车痕，造成植物组成的改变。

3. 采集

采集是对植物的一种伤害行为。游客最常见的采集动机是想摘下漂亮的花，或想尝尝果实的味道，或是想带一部分植物回家种植。此外，许多游客迷恋植物的神奇疗效，一到野外看见药用植物就采摘，使得许多药用植物的天然族群越来越少。此外，由于游客不慎或管理不善导致的森林火灾，会致使植被覆盖率下降；任意砍伐树木、竹子做成木屋、竹屋和营火材料等，毁坏了一些幼木，改变了森林树龄结构；大量垃圾堆积，会导致土壤营养状态改变，还会造成空气和光线发生改变致使生态系统遭到破坏等。

（三）对动物的影响

旅游区的开发可能会破坏野生动物的栖息地或庇护所。游客到达旅游目的地后，无论是旅游活动本身还是游客所制造的噪声，都会干扰野生动物的生活和繁衍。而且一些游客喜欢品尝各种山珍海味，又偏爱收集各类野生动物制品，这使得野生动物的生存受到了威胁。

1. 干扰

游客从事户外旅游活动时，不可避免地会对生存其中的动物，尤其是较为敏感的鸟类和哺乳动物造成干扰。如西双版纳的象谷，大量游客的进入，影响了野象的生活规律，以往经常出没于原始森林溪水旁的野象，现在只是偶尔有一两头到此活动；游客从事水上活动也可能对水鸟族群造成威胁，使水鸟不能正常繁衍，天鹅或其他水禽还可能会因误食钓鱼用的小铅块而死亡。游客使用各种旅游设施时所产生的噪声也会造成干扰，如手提音响、水上摩托车、汽艇均产生极大的噪声，这对动物的影响相当大；同时，水上各种船舶还可能产生油污污染，从而影响水中生物的生存。此外，游客在沙滩上的活动也会影响动物的生长，如会影响海龟产卵等。

2. 猎食野生动物

在旅游活动对野生动物的影响中，以游客对野生动物的消费行为最为严重。有些游客不仅爱吃海鲜，更爱吃山珍，各种珍禽异兽都有可能成为一些游客猎食的目标，造成这些动物族群数量的下降甚至绝迹，对野生动物造成威胁。有些行为甚至会演变成违法行为。除了吃之外，一些游客还喜欢购买野生动物的相关制品，如动物毛皮、象牙等。许多海域原本有各式各样的贝类，但因大量供人食用以及被制成各式纪念品，贝类的数量锐减。

（四）对水体环境的影响

旅游对水体环境产生的影响不容忽视。水是旅游活动中必不可少的元素，既能成为旅游活动的主要目标，又能成为旅游活动的环境。但近年来旅游活动致使许多景区的水环境遭到不同程度的破坏，导致水面减少，水体遭受污染，水质日趋恶化。旅游活动对水体环境的影响主要体现在以下几个方面。

1. 对水质的污染

旅游对水质的负面影响主要来源包含：旅游者产生的水质污染、旅游开发经营活动产生的水质污染、旅游产品的生产销售产生的水质污染。例如，旅游开发经营活动过程中，餐饮住宿经营产生了水质污染，主要原因是一些大型酒店及宾馆的污水处理设备不完善，加上景区规划不当，部分生活废水直接排入湖中从而造成水体污染。景区娱乐活动产生了水质污染，主要原因是游船、水上摩托车、钓鱼、游泳等娱乐活动产生的水质污染。

2. 对水量的影响

旅游者的增加给旅游地的水环境承载力带来极大压力。用水量的增加引发了旅游者与旅游地居民之间的用水矛盾，水资源供需矛盾日益突出。

（五）对大气环境的影响

随着游客进入旅游目的地所乘坐的交通工具越来越多，其排放的废气日益威胁着地球生态的健康。从全球气候变化的角度来看，废气排放可能导致酸雨，使地球升温，诱发臭氧层空洞。旅游目的地内的宾馆、饭店等排放的废气和产生的垃圾等固体废弃物中有机物质含量高，如处理不当，会滋生细菌和病毒。

1. 交通工具排放气体污染

数以万计的游客乘坐私人交通工具旅游，这是比较没有效率的运输方式，不但会消耗较多的资源，还会排放出更多的大气污染物。这种私人交通工具所引起的大气污染以光化学烟雾污染最具伤害性，光化学烟雾中存在许多高反应性的光化学物质，不但会影响植物生长，还会危害人体健康。光化学烟雾严重时会影响视线，降低能见度，影响正常生活秩序；其所含有的某些物质可能会刺激眼睛，造成流泪等不舒适的后果。此外，交通工具所排放的废气还可能含有有毒物质，威胁地球生态的健康。从全球气候变化的角度来看，废气排放可能导致酸雨，使地球升温，诱发臭氧层空洞。

2. 垃圾等固体废弃物污染

垃圾等固体废弃物中有机物质含量高，如处理不当，会滋生细菌和病毒，特别是堆放在底层的有机物，因严重缺氧，厌氧细菌迅速繁殖，病原菌滋生，并产生恶臭；旅游公厕如管理不善也会产生恶臭，增加大气中的含菌数。

3. 封闭环境中的大气污染

溶洞、餐厅、娱乐场所等，除受外界大气影响外，还受内部污染物排放的影响，如游客呼吸释放的二氧化碳和水汽、因吸烟而增加的二氧化碳和烟雾、使用电子设备释放出的大量正离子、装修释放的有害物质、取暖散发出来的一氧化碳及二氧化硫等。封闭环境中空气流动性差，空气污浊，令人头痛、气闷、食欲不振、精神不佳，甚至会导致某些疾病的发生和传播。

4. 旅游设施对大气环境的污染

生活服务设施产生的大气污染物主要是供水、供热、供能的锅炉烟囱排放的废气以及旅游地域小吃摊排放的废气等，释放出来的主要是燃烧煤、煤气和液化气产生的二氧化硫、二氧化氮、一氧化碳和烟尘等，其总量虽较工业小，但排放源分散、距景点近，且多无除尘设施，对旅游目的地大气质量的影响较大。

（六）对环境卫生的影响

旅游活动对环境卫生的影响主要表现为固体废弃物污染。在很多风景名胜区，随处都可见到游客丢弃的各种固体废弃物，这一现象给环境带来了很多负面影响，例如垃圾腐烂后的异味会影响街道空气，且腐烂时还会产生一些化学物质，导致空气质量不佳；垃圾本身会影响景区环境，不利于游客观感。造成这种现象的主要原因是一些游客不具备良好的垃圾处理习惯，会随手丢弃垃圾。同时，景区环境管理部门尚未做出有效管理游客行为的措施，对其随手丢弃垃圾的行为加以遏制。

思政园地

抖音现踩踏七彩丹霞地貌视频

张掖七彩丹霞旅游景区范围面积有 50 平方千米，以珍稀壮丽的地貌特征吸引大量的游客前去游览。景区内的丹霞地貌形成于侏罗纪白垩纪时期，表面由细砂岩和泥质岩构成，极易被风化侵蚀，是全球唯一、中国独有的神奇地貌。经专家研究考证，彩色丘陵地层的形成和诞生以百万年为地貌单元，是不可再生、不可复制的地质遗迹。彩色丘陵区域地质是结构砂岩和粉砂岩，在遭受人为破坏后会加速风化和流水侵蚀，且自然恢复周期长、修复难度大。每年七八月是张掖丹霞地质公园的旅游旺季。

2018 年 8 月，一个游客破坏丹霞地貌的炫耀视频引起关注。视频显示，两名男子和一名女子行走在七彩丹霞岩体的表面，其中一名黑衣男子把鞋脱掉拎在手里，光脚踩在岩面上。视频之外还有一录视频的男子，光着脚踢起岩体表面的沙土，并说"我破坏了六千年的（原始地貌）"。根据公安部门调查结果，破坏景区山体的游客共有 4 名。在舆论压力下，4 人最后主动向公安机关自首。在丹霞地貌踩踏事件发生后几天，又有几名游客在甘肃文县天池景区内戏水游泳并发布到网络上炫耀，再次引爆舆论。

课后，请结合以上案例，以"弘扬社会主义核心价值观，培养遵纪守法、文明旅游意识"为主题，写一篇 2 000 字左右的论文，谈谈你对文明旅游的认识。

（资料来源：张香梅.七彩丹霞为何屡遭游客破坏 [N/OL]. 北京青年报，（2018-08-30）[2023-08-15]. http://epaper.ynet.com/html/2018-08/30/content_301491.htm.）

本章小结

本章分别阐述了旅游业发展对经济、社会文化和环境的影响。旅游业在我国国民经济发展中占有举足轻重的地位，其在促进经济增长、带动相关产业发展、增加国家财政收入、加速社会货币流通、促进就业、增加外汇收入、营造良好的投资环境等方面具有积极的作用，同时对经济也有一些不利影响。旅游活动对社会文化的积极影响不仅表现在对旅游地社会文化与客源地社会文化方面，而且表现在对整个人类社会文化方面；其中既包括文化层面的积极作用，更有广泛的社会层面的积极作用。旅游对社会文化的消极影响主要体现在民族文化变异、思想观念的改变、物质文化的破坏三个方面。旅游业发展对环境有一定的积极影响和消极影响。

一、填空题

1. 旅游收入依存度是指某个国家或地区的_____占_____的比重。
2. 旅游业贡献率用来衡量某国或地区旅游消费的增长对_____所做的贡献。
3. 旅游对社会文化的消极影响主要体现在_____、_____、_____三个方面。
4. 旅游活动与社会文化相互影响,旅游活动与社会文化的关系是一种_____关系。

二、简答题

1. 简述旅游业发展对经济的有利影响。
2. 简述旅游对文化产业发展的积极作用。
3. 简述旅游业发展对环境的积极影响。
4. 请举例说明旅游业对相关产业发展的带动作用。

学习案例

旅游开发与生态保护协同发展——鲁朗国际旅游小镇

党的十九大报告明确指出,必须树立和践行绿水青山就是金山银山的理念,坚持节约资源和保护环境的基本国策,坚定走生产发展、生活富裕、生态良好的文明发展道路。党的二十大报告指出,尊重自然、顺应自然、保护自然,是全面建设社会主义现代化国家的内在要求。必须牢固树立和践行绿水青山就是金山银山的理念,站在人与自然和谐共生的高度谋划发展。作为我国的战略性支柱产业,旅游业发展必须坚持生态优先、保护优先原则,在保护自然资源和生态系统功能的前提下,适度合理开发,实现生态效益、经济效益和社会效益的有机统一。

鲁朗镇位于西藏自治区林芝市东部,距离林芝市区约70千米,辖域面积达3 152平方千米,平均海拔3 385米,川藏公路贯穿全境。鲁朗镇属高原温带半湿润季风气候,原生态自然环境优势显著,生物多样性丰富,素有"西藏小江南""天然氧吧""生物基因库""东方瑞士"等美誉。鲁朗镇境内拥有色季拉国家森林公园、鲁朗林海等4A级自然景区,具有显著的生态地理优势。鲁朗镇自然资源禀赋高,森林覆盖率达80%以上。早期当地居民的生计选择以农牧业和狩猎采集为主,20世纪80年代随着市场经济和城市化建设加快,其生计选择转向伐木经济,导致森林面积锐减和生态质量下降。1998年,党中央开始实施天然林资源保护工程,鲁朗镇的伐木经济趋于瓦解,开始转向生态旅游发展道路。鲁朗镇是川藏公路拉萨—林芝段必经之路,区域内以冰川地貌、高山峡谷和动植物资源景观为主,是进藏游客的旅途休息点之一,当地居民率先经营起藏式家庭旅馆。在政策扶持下,家庭旅游逐渐成为当地居民新的生计选择。随后,鲁朗国际旅游小镇以打造生态特色小镇、文化特色小镇和经济特色小镇为目标,以"藏族文化、自然生态、圣洁宁静、现代时尚"为核心设计理念,致力于成为"国内外知名的旅游小镇"和"藏东南旅游集散中心"。鲁朗国际旅游小镇的建设运营在推动林芝市旅游产业升级、带动当地贫困人口就业、改善鲁朗镇公共基础设施建设、为精准扶贫注入新鲜血液、规范当地产业发展等方面发挥着十分重要的作用。

鲁朗国际旅游小镇已获得很多荣誉，如"国家级全域旅游示范区""国家级旅游度假区""全国运动休闲特色小镇""中国乡村旅游创客示范基地""全国影视指定拍摄景地""中国最美户外小镇""中国天然氧吧"，入围"智慧健康养老应用试点示范乡镇名单""国家新型城镇化综合试点地区""全国藏文化旅游知名品牌创建示范区""2019年旅游扶贫标杆项目""2020年中国休闲度假案例""2018年阿拉丁神灯十大工程奖"，建筑设计入围"2017年世界建筑节WAF大奖"等，同时获得了西藏自治区"生态旅游示范区""绿色旅游示范区""自治区双创基地"等称号。

（资料来源：杨明洪，刘建霞.旅游资源规模化开发与农牧民生计方式转换：基于西藏"国际旅游小镇"的案例研究[J].民族学刊，2017，8(3):9-18，99-100.）

请结合以上案例，以"旅游开发与生态保护协同发展"为主题，写一篇2 000字左右的论文。

第七章 旅游行业管理及旅游业国际惯例

（1）熟悉政府干预旅游发展的主要手段。
（2）熟悉我国旅游组织的基本状况并了解同我国有关系的主要国际旅游组织。
（3）掌握世界旅游业运行的主要原则。
（4）了解世界主要国家的旅游政策。

（1）树立法治意识。
（2）遵守旅游职业规范。

第一节 国家旅游管理体制

一、国家支持发展旅游和旅游业的原因

旅游行业管理的主体包括旅游行政组织（政府旅游主管部门）和旅游行业组织。政府主管部门的职能是行政，旅游管理部门作为政府行政权力机构，代表政府行使行政权力。旅游行业组织是旅游企业自愿联合的社会旅游组织，如旅游协会、旅馆业协会等，它们以自愿和非营利为原则，积极参与旅游的发展活动，为国家协调旅游业的发展创造良好的条件。世界各国政府支持发展旅游和旅游业的原因并不完全相同，总的来说，国家支持发展旅游和旅游业的原因主要包括以下几个方面。

（一）政治方面的原因

（1）国际旅游：了解别人，宣传自己，如我国在建国初期组建了华侨旅行社和中国国际旅行社，希望通过旅游发展同友好国家和国际友好人士的交往。

（2）国内旅游：增加就业机会，解决就业问题。

（二）经济方面的原因

旅游消费可以刺激当地经济的发展，因此，通过支持发展旅游业来促进当地的经济发展，成为众多国家政府支持和推动旅游业发展的重要动机。可以通过发展旅游业扩大外汇收入来源、增加国民就业机会、缩小地区差别。

（三）社会方面的原因

旅游是人类社会基本需求之一，旅游有助于提高一个国家或地区的人口素质。法国政府曾经提出，发展旅游旨在提高人民的生活质量。此外，欧洲的许多国家也以不同的方式倡导和支持"社会旅游",以帮助低收入阶层参加到旅游活动中来,以此促进本国社会的发展。

二、国家旅游管理的内容

旅游行业管理的主体在管理内容上有不同分工,可具体分为旅游行政部门行业管理和旅游行业组织行业管理。

(一)我国旅游行业行政管理

中华人民共和国文化和旅游部(以下简称文化和旅游部)是我国旅游行政管理机构,负责统一管理我国旅游业。文化和旅游部是国务院主管旅游工作的组成部门,内设机构包括办公室、政策法规司、人事司、财务司、艺术司、公共服务司,直属单位包括机关服务局、中国艺术研究院、故宫博物院等。

根据文化和旅游部官方网站的介绍,其主要职责如下。

(1)贯彻落实党的文化工作方针政策,研究拟订文化和旅游政策措施,起草文化和旅游法律法规草案。

(2)统筹规划文化事业、文化产业和旅游业发展,拟订发展规划并组织实施,推进文化和旅游融合发展,推进文化和旅游体制机制改革。

(3)管理全国性重大文化活动,指导国家重点文化设施建设,组织国家旅游整体形象推广,促进文化产业和旅游产业对外合作和国际市场推广,制定旅游市场开发战略并组织实施,指导、推进全域旅游。

(4)指导、管理文艺事业,指导艺术创作生产,扶持体现社会主义核心价值观、具有导向性代表性示范性的文艺作品,推动各门类艺术、各艺术品种发展。

(5)负责公共文化事业发展,推进国家公共文化服务体系建设和旅游公共服务建设,深入实施文化惠民工程,统筹推进基本公共文化服务标准化、均等化。

(6)指导、推进文化和旅游科技创新发展,推进文化和旅游行业信息化、标准化建设。

(7)负责非物质文化遗产保护,推动非物质文化遗产的保护、传承、普及、弘扬和振兴。

(8)统筹规划文化产业和旅游产业,组织实施文化和旅游资源普查、挖掘、保护和利用工作,促进文化产业和旅游产业发展。

(9)指导文化和旅游市场发展,对文化和旅游市场经营进行行业监管,推进文化和旅游行业信用体系建设,依法规范文化和旅游市场。

(10)指导全国文化市场综合执法,组织查处全国性、跨区域文化、文物、出版、广播电视、电影、旅游等市场的违法行为,督查督办大案要案,维护市场秩序。

(11)指导、管理文化和旅游对外及对港澳台交流、合作和宣传、推广工作,指导驻外及驻港澳台文化和旅游机构工作,代表国家签订中外文化和旅游合作协定,组织大型文化和旅游对外及对港澳台交流活动,推动中华文化走出去。

(12)管理国家文物局。

(13)完成党中央、国务院交办的其他任务。

(二)旅游行业组织管理

旅游行业组织是指为加强行业间及旅游行业内部的沟通与协作,实现行业自律,保护消费者权益,同时促进旅游行业及行业内部各单位的发展而形成的各类组织。旅游行业组织通常是一种非官方组织，各成员采取自愿加入的原则，行业组织所制定的规章、制度和章程对于非会员单位不具有约束力。

三、国家管理旅游发展的手段

（一）对旅游需求的管理手段

国家对旅游需求的管理手段主要包括以下方面。

（1）目的地的宣传与促销。

（2）为来访游客提供信息服务。

（3）通过控制价格去影响需求。

（4）控制游客进入量。

（二）对旅游供给的管理手段

国家对旅游供给的管理手段主要包括以下方面。

（1）控制土地的用途。

（2）对建筑物行使管制。

（3）市场管制。

（4）实行特别征税（旅游税、机场税）。

（5）投资鼓励政策。

第二节 旅游行业组织

一、旅游行业组织及其职能

旅游行业组织是企业、团体、个人自愿加入组成的民间社会团体。它们以自愿和非营利为原则，通过加强行业间的协作，协调企业的经营管理，扩大行业影响，建立良性行业竞争秩序，提高行业信誉与效益。加强行业管理是提高旅游服务质量和服务水平、规范旅游企业经营、规范旅游市场秩序，促进旅游业持续健康发展的内在需求，旅游行业组织也是旅游发展所必需的。

旅游行业组织是非官方机构，各种旅游行业组织行使职能不尽相同，总体而言，有以下职能。

（1）在旅游发展战略、方针、政策等方面，向政府旅游主管部门提供咨询和建议。

（2）制定行业标准，规范成员行为，维护行业竞争秩序。

（3）开展信息交流，推进新知识、新技术和新经营管理模式的运用。

（4）协调各方关系，维护会员利益。

（5）树立行业形象，开展整体营销，开拓国内国际市场。

（6）组织培训人才，提高行业素质。

二、具有代表性的旅游行业组织

（一）国际旅游行业组织

国际旅游行业组织也称为非政府国际旅游组织。相对于国际旅游行政组织，国际旅游行业组织数量非常多，但也可根据管理旅游事务的范围和程度划分为全球性组织和地区性组织。

1. 全球性国际旅游行业组织

全球性国际旅游行业组织包括三种形式：第一种是以个人为成员的组织，如旅游科学专家国际联合会（AIEST）、国际旅游学会（ITSA）、旅游职业训练协会（AMFORT）、国际旅行和旅游研究协会（TTRA）；第二种是以机构团体（协会）为成员的组织，如国际旅游联盟（AIT）、国际社会旅游协会（BITS）、世界旅行社协会联合会（WATA）、国际饭店与餐馆协会（IHRA）、国际海运联合会（ISF）、国际青年旅舍联盟（IYHF）；第三种是以企业为成员的组织，如国际旅馆协会（IHA）、国际航空运输协会（IATA）、国际铁路联盟（UIC）、世界旅行社协会联合会（UFTAA）、国际会议组织商协会（ICCA）。

2. 地区性国际旅游行业组织

地区性国际旅游行业组织包括三种形式：第一种是以个人为成员的组织，也有一些组织既接收团体会员，也接收个人会员；第二种是以机构团体（协会）为成员的组织，如欧洲旅游委员会（ETC）、拉美旅游组织联盟（CTOLA）、太平洋亚洲旅游协会（PITA）、加勒比旅游协会（CTA）、非洲旅游协会（ATTA）；第三种是以企业为成员的组织，如欧洲航空公司协会（AEA）。

（二）部分国际旅游行业组织简介

1. 世界旅游组织

世界旅游组织（World Tourism Organization，UNWTO）是联合国下属的专门旅游机构，由国际官方旅游宣传组织联盟（IUOTPO）发展而来。1976年成为联合国开发计划署在旅游方面的一个执行机构。

世界旅游组织的宗旨是促进和发展旅游事业，使之有利于经济发展、国际间相互了解、和平与繁荣，以及不分种族、性别、语言或宗教信仰、尊重人权和人的基本自由，并强调在贯彻这一宗旨时要特别注意发展中国家在旅游事业方面的利益。

2. 太平洋亚洲旅游协会

太平洋亚洲旅游协会（Pacific Asia Travel Association，PATA）是非政府间国际旅游组织，成立于1951年。

太平洋亚洲旅游协会的宗旨是发展、促进和便利世界各国的旅游者到本地区的旅游以及本地区各国居民在本区内的旅游。该协会每年召开一次年会，讨论和修订有关协会的长远计划。除此之外，全协会性的大型活动还有太平洋旅游博览会，它为会员提供了旅游产品工序的谈判场所和各种商机，因此受到亚太地区旅游界的普遍重视。我国于1993年加入该协会。

3. 世界旅行社协会联合会

世界旅行社协会联合会（Universal Federation of Travel Agents Association，UFTAA）是最大的民间性国际旅游组织，于1966年11月22日在罗马正式成立。总部设在比利时布鲁塞尔。

世界旅行社协会联合会的宗旨是负责国际政府间或非政府间旅游团体的谈判事宜，代表并为旅游业和旅行社的利益服务。该组织的成员分为两类，一类是正式会员，由国家旅行社协会组织参加；另一类是联系会员，为私营旅行社和与旅游业务有关的机构，如航空公司、轮船公司、旅馆等。1995年8月，中国旅游协会被接纳为正式会员。

4. 国际饭店与餐馆协会

国际饭店与餐馆协会（International Hotel & Restaurant Association，IHRA）是世界饭店业最大的国际组织。其前身国际饭店协会（IHA），于1946年3月在伦敦成立。

国际饭店与餐馆协会的宗旨是：代表全球饭店业的利益，促进饭店与餐馆业的发展，为会员提供行动纲领和所需产品（包括组织各种国际会议等），协调旅馆业和有关行业的关系，维护本行业的利益。

国际饭店与餐馆协会每年召开一次全体大会，讨论协会重大事项与决定。在每次会议期间，颁布青年主管世界奖，奖励30岁以下饭店男女经理/主管各一名，还颁发两名饭店环境奖，也称"年度绿色饭店经理奖"。协会每年提供10～15个奖学金名额，奖励有两年以上饭店中层管理经验的优秀青年，在欧洲或美国饭店院校进行夏季短期（两周）学习和培训。

5. 国际航空运输协会

国际航空运输协会（International Air Transport Association，IATA）是一个包括全世界各大航空公司的国际性组织，于1945年4月在古巴哈瓦那成立，现为世界旅游组织的附属成员，总部设在加拿大蒙特利尔，执行机构设在日内瓦。

国际航空运输协会的宗旨是：促进安全、正规和经济的航空运输；促进航空商业，并研究有关问题；促进与联合国国际民用航空组织的合作。该协会的主要任务是：提出客货运率、服务条款和安全标准等，并逐步使全球的空运业务制度趋于统一，处理和协调航空公司与旅行社之间的关系。另外，确定票价也是该协会最主要的任务之一。该协会最高权力机构为大会，大会每年召开一次。其他机构有执行委员会、常务委员会和常设秘书处。协会出版发行季刊《国际航空运输协会评论》和《年会备忘录》年刊。

6. 国际旅游科学专家协会

国际旅游科学专家协会（International Association of Scientific Experts in Tourism）于1951年5月31日在罗马成立，是世界旅游组织的附属成员。

国际旅游科学专家协会的宗旨是：开展旅游科学研究，加强成员间的友好联系，鼓励成员间的学术活动，特别是促进个人接触，交流经验；支持具有学术性质的旅游研究机构，以及其他有关旅游研究与教育组织的各项活动。该协会是由国际上致力于旅游研究和旅游教学的专家组成的学术团体，在45个国家中有330多名会员。其活动主要有：收集科学资料和文献，开展旅游科学研究，举办旅游学术会议，出版发行季刊《旅游评论》和会议年度纪要等。它在旅游理论研究上享有很高的威望，如著名的"艾斯特"定义即是由它做出的。该协会的最高权力机构为大会，每年举行一次，并设有委员会秘书处。

（三）中国旅游行业组织

我国的旅游行业组织是指由有关社团组织与企事业单位在平等自愿的基础上组成的并接受政府指导的各种民间旅游行业协会。它们既非政府机构，又非营利性机构，具有独立的社团法人资格，其职能主要为代表职能、沟通职能、协调职能、监督职能、公证职能、统计职能、研究职能和服务职能。据统计，目前全国省以上旅游协会的会员单位有近2万个，会员涵盖了国内大型旅游企业集团、国际旅行社、高星级饭店、世界自然文化遗产单位和著名旅游区。

目前，我国全国性的旅游行业组织主要有中国旅游协会、中国旅游饭店业协会、中国旅行社协会、中国乡村旅游协会、中国旅游学会、中国旅游车船协会、中国旅游报刊协会、中国烹饪协会、中国饭店协会。

1. 中国旅游协会

中国旅游协会（China Tourism Association，CTA）是由中国旅游行业相关的企事业单位、社会团体自愿结成的全国性、行业性社会团体，非营利性社会组织，具有独立的社团法人资格。1986年1月30日经国务院批准正式成立。

根据《中国旅游协会章程》第二条，其宗旨是依法设立、自主办会、服务为本、治理规范、行为自律。遵守国家的宪法法律、法规和有关政策，遵守社会道德风尚，代表和维护全行业的共同利益和会员的合法权益。努力为会员服务，为行业服务，为政府服务，充分发挥桥梁和纽带作用。与政府相关部门、其他社会团体以及会员单位协作，为促进我国旅游市场的繁荣、稳定，旅游业持续、快速、健康发展作出积极贡献。

截至2022年12月月底，协会下设十余个分支机构，协会自有会员单位两百余家。以国内著名的大型综合性旅游集团、省级旅游协会和重要旅游城市旅游协会等机构为会员骨干，协会及各分支机构共有会员3 000余家。

2. 中国旅游饭店业协会

中国旅游饭店业协会（China Tourism Hotel Association）成立于1986年2月25日。它是由中国境内的旅游饭店和地方饭店协会、饭店管理公司、饭店用品供应厂商等相关单位，按照平等自愿的原则结成的全国饭店行业的专业性协会。下设一个分支机构，即中国旅游饭店业协会饭店金钥匙专业委员会。

中国旅游饭店业协会的宗旨是：遵守国家的宪法、法律、法规和有关政策，遵守社会道德风尚，代表和维护中国旅游饭店行业的共同利益，维护会员的合法权益，在主管单位的指导下，为会员服务，为行业服务，在政府与会员之间发挥桥梁和纽带作用，为促进我国旅游饭店业的健康发展做出积极贡献。

中国旅游饭店业协会的主管单位为国家旅游局，社团登记管理机关为民政部。中国旅游饭店业协会接受国家旅游局的领导、民政部的监督管理和中国旅游协会的业务指导。协会现有会员2 669家，理事单位333家，其中常务理事单位123家。

3. 中国旅行社协会

中国旅行社协会（China Association of Travel Services）成立于1997年10月，是由中国境内的旅行社、为旅行社提供服务的企事业单位以及与旅行社相关的社会团体自愿结成的全国性、行业性社会团体，是非营利性社会组织，会员分布和活动地域为全国。

根据《中国旅行社协会章程》，协会的宗旨是为政府提供咨询、服务企业发展、优化资源配置、加强行业自律、创新社会治理、履行社会责任，代表和维护旅行社行业的共同利益和会员的合法权益，努力为会员服务，为行业服务，为政府服务，充分发挥桥梁和纽带作用，与政府相关部门、其他社会团体以及会员单位协作，为促进我国旅游市场繁荣、稳定，旅行社行业持续、快速、健康发展作出积极贡献。

4. 中国旅游车船协会

中国旅游车船协会（China Tourism Automobile and Cruise Association）前身是"中国旅游汽车理论研讨会"，成立于1988年1月，1989年1月改名为"中国旅游汽车联合会"，同年8月，经国家旅游局局长办公会议研究决定正式成立。1990年3月，正式定名为"中国旅游车船协会"。协会的会刊是《中国旅游车船》。

中国旅游车船协会是由中国境内的旅游汽车、游船企业和旅游客车及配件生产企业、汽车租赁、汽车救援等单位，在平等自愿基础上组成的全国旅游车船行业的专业性协会。协会接受国家旅游局和民政部的管理与监督，接受中国旅游协会的业务指导。现有会员200余家。

5. 中国乡村旅游协会

中国乡村旅游协会是由广大乡村旅游事业的专家、学者、知名人士和有关单位、团体等组成的乡村旅游领域的全国性行业组织。协会原名中国农民旅游业协会，于1987年12月成立，1990年10月29日更名为"中国乡村旅游协会"。协会受国家旅游局的管理与监督，接受中国旅游协会的业务指导。

6. 中国旅游文化学会

中国旅游文化学会于1989年9月18日在北京正式成立，是具有法人资格的民间学术团体。学会的宗旨是研究旅游文化的理论与实践，推动我国旅游事业的发展。

中国旅游文化学会的主要任务包括以下内容。

（1）组织和推动我国旅游文化的研究和旅游文化的创作。

（2）举办各种类型的旅游文化研讨会和旅游文学笔会，并组织与其有关的国内和国际的交流活动。

（3）组织有关方面和有关专家，为历史文化名城、著名风景名胜区和待开发的旅游区就旅游资源的开发和利用进行研讨和咨询，为促进旅游文化的发展提供服务。

（4）为各地开发具有中国风格、民族特色和地方特点的旅游纪念品和晚间文娱活动提供咨询、人才和服务。

（5）编辑、出版有关旅游文化和旅游文学的书刊、资料，承接委托摄制有关旅游文化的影视片等。

第三节 旅游业国际惯例

一、国际惯例的含义与结构

（一）国际惯例的含义

国际惯例是基于习惯事实，内容明确规范，与现行法律没有冲突，而法律又未规定，不违背公序民俗，经过国家、民事承认而具有一定强制力保证的国际惯例，既包括冲突法上的国际惯例，也包括实体法上的国际惯例。

（二）国际惯例的结构

国际惯例是一个多层次、多元化的规则体系，其内容大体分为两类：一类是文法；另一类是不成文的惯例。

国际惯例还包括四个层次：一是制度层次；二是政策层次；三是按国际惯例组织和按国际惯例运转的层次；四是经营层次，即在更为具体的运行和交往活动中如何采用国际惯例的问题。

二、世界旅游业运行的主要原则

（一）旅游业的普遍重要性原则

旅游业具有普遍重要性原则。旅游业能够满足人们日益增长的物质和文化的需要。旅游业的发展影响着世界各国环境、文化、社会建设，也同时可以促进一个地区的经济发展和人民生活水平的提高。旅游使人们在体力上和精神上得到休息，改善健康状况、开阔眼界、增长知识。旅游业的发展以整个国民经济发展水平为基础并受其制约，同时又直接、间接地促进国民经济有关部门的发展，如推动商业、饮食服务业、旅馆业、民航、铁路、公路、邮电、日用轻工业、工艺美术业、园林等的发展，并促使这些部门不断改进和完善各种设施、增加服务项目，提高服务质量。随着社会的发展，旅游业在国民经济中的重要地位日益显现。

旅游业包括国际旅游和国内旅游两个部分。两者由于接待对象不同而有所区别，但其性质和作用是基本一致的。经济发达国家的旅游业，一般是从国内旅游业开始，逐步向国际旅游业发展。一些发展中国家，由于经济落后，经济建设需要外汇，大多是从国际旅游业开始发展的。国内旅游业和国际旅游业是密切相连的统一体，统筹规划、合理安排，能够互相促进、互相补充、共同发展。

（二）通过旅游立法，规范旅游业发展原则

通过制定旅游法规和相关法规可以对旅游业进行管理监督，开放的、健康的旅游市场能够吸引世界各国的旅游者，通过严格执行法律，能够有力地推动旅游业的健康快速发展。国内外一般通过以下三种方式进行旅游立法：以旅游基本法律为中心，以相关条例或办法为辅的旅游法律体系；在国家基本法律中以专门一章或几章的内容规定有关旅游相关的法律问题，以相关法规为补充的旅游法律体系；最后一种就是专门制定单行旅游法规。

《中华人民共和国旅游法》（以下简称《旅游法》）于2013年4月25日在第十二届全国人民代表大会常务委员会第二次会议上通过，《旅游法》的颁布实施使国家规范旅游活动中的行为有了法律层面的依据。为保障旅游者和旅游经营者的合法权益，规范旅游市场秩序，保护和合理利用旅游资源，促进旅游业持续健康发展，制定本法。《旅游法》全篇共有十章一百一十二条，从旅游业的规划、旅游市场监管、行业市场秩序、旅游者和旅游经营者的合法权益、旅游活动安全、旅游服务合同以及纠纷的处理等多方面做出了规定。

（三）人力资源开发原则

旅游业是经济发展的支柱产业，旅游业人力资源管理与开发对旅游业发展至关重要。

如果不能确保人力资源开发工作的效果和水平，对旅游企业的长远发展会造成诸多不利的影响。因此，在旅游企业的人力资源开发工作中应该树立正确观念意识，按照旅游企业的发展需求开展人力资源的开发工作。与此同时为了旅游企业人力资源管理工作的高效化实施，应该制订完善的创新管理方案与计划，遵循创新性的管理原则，利用人力资源核心力量增强旅游企业的竞争力，为其后续的发展夯实基础。

（四）旅游业可持续发展原则

在世界环境和发展委员会于1987年发表的《我们共同的未来》的研究报告中，对可持续发展的定义为："既满足当代人的需求又不危及后代满足其需求的发展。"这个定义鲜明地表达了两个基本观点：一是人类要发展，尤其是穷人要发展；二是发展要有限度，不能危及后代人的发展。可持续旅游的提出首先是直接受可持续理论的影响。可持续旅游实际上是可持续发展思想在旅游领域的具体运用，是可持续发展战略的组成部分之一，是可持续发展理论的自然延伸。

1995年《可持续旅游发展宪章》中所指出的："可持续旅游发展的实质，就是要求旅游与自然、文化和人类生存环境成为一个整体"，即旅游、资源、人类生存环境三者的统一，以形成一种旅游业与社会经济、资源、环境良性协调的发展模式。可持续旅游发展是可持续发展理论在旅游业中的具体体现，与一般意义上的可持续发展理论具有本质上的一致性，主要有以下三层含义。

（1）满足需要。发展旅游业首先是通过适度利用环境资源，实现经济创收，满足东道社区的基本需要，提高东道居民生活水平；在此基础上，再满足旅游者对更高生活质量的渴望，满足其发展与享乐等高层次需要。

（2）环境限制。资源满足人类目前和未来需要的能力是有限的，这种限制体现在旅游业中就是旅游环境承载力，即一定时期，一定条件下某地区环境所能承受人类活动作用的阈值。它是旅游环境系统本身具有的自我调节功能的度量，而可持续旅游的首要标志是旅游开发与环境的协调。因此，作为旅游环境系统与旅游开发中间环节的环境承载力，应当成为判断旅游业是否能够可持续发展的一个重要指标。

（3）公平性。强调本代人之间、各代人之间公平分配有限的旅游资源，旅游需要的满足不能以旅游区环境的恶化为代价，当代人不能为满足自己的旅游需求与从旅游中获得利益而损害后代公平利用旅游资源的权利。应牢记这样一个旅游发展理念，环境既是我们从先辈那里继承来的，也是我们从后代那里借来的；要把旅游看成这样一种活动：当代人为了保护好前代人遗留下来的环境，或是利用前代人留下的环境，为后代人创造更加优异环境的行动。

三、世界各国的旅游发展政策

（一）亚太主要国家的旅游发展政策

1. 中国的旅游发展政策

1978年改革开放之初，国内经济水平制约了国民旅游需求，当时的国内旅游实行"不提倡、不鼓励、不反对"政策；到20世纪80年代中期，经济快速发展，国内旅游也迅速兴起，政策随之变化为"因地制宜、正确引导、稳步发展"，紧接着，1991年国家在"八五"计划纲要中，将旅游列为加快发展的第三产业中的重点，国内旅游政策也随之进一步转变为"积极发展"；1997年，《中国公民自费出国旅游管理办法》出台，国家正式放开公民自费出国旅游，出境旅游市场才开始打开。在一系列政策的引导下，我国的旅游业经历了优先发展入境旅游，逐渐过渡到入境游与国内游并行发展，进而实现出境旅游、入境旅游与国内旅游三个市场全面繁荣的特殊历程。

《"十四五"旅游业发展规划》提出七项重点任务。一是坚持创新驱动发展，深化"互联网+旅游"，推进智慧旅游发展；二是优化旅游空间布局，促进城乡、区域协调发展，建设一批旅游城市和特色旅游目的地；三是构建科学保护利用体系，保护传承好人文资源，保护利用好自然资源；四是完善旅游产品供给体系，激发旅游市场主体活力，推动"旅游+"和"+旅游"，形成多产业融合发展新局面；五是拓展大众旅游消费体系，提升旅游消费服务，更好满足人民群众多层次、多样化需求；六是建立现代旅游治理体系，加强旅游信用体系建设，推进文明旅游；七是完善旅游开放合作体系，加强政策储备，持续推进旅游交流合作。

2. 日本的旅游发展政策

日本政府高度重视旅游业的发展，将旅游业的发展作为国民经济计划发展的一部分。"二战"后曾提出"发展旅游，振兴国家"，积极投资旅游业的发展，如投资基础设施的建设方面，日本中央各省厅直接介入旅游基础设施建设的工作中。2003年开始制定及实施"观光立国战略"。

在旅游产业发展的不同阶段，日本政府的职能和政策的侧重点有所不同。在不同的发展阶段政府采取了一些不同的旅游政策，政府的角色重点从立法者、投资人、产业发展的协调员，到旅游市场的营销员，发生了一些变化，但是政府的主导地位始终没有发生变化。

近年来，为了更好地应对逐年增长的外国入境游客市场，日本政府出台和实施了诸多管理政策。大体上可以归纳为以下三类：第一，从地方振兴视角出发，为了更有效地管理和活化地方旅游资源而制定的产业管理政策；第二，从目的地角度出发，为了推进日本旅游业的革新和增强国际竞争力而制定的产业发展政策；第三，从游客角度出发，为游客提供便捷舒适和高品质的旅游体验而制定的产业经营政策。总体而言，日本旅游产业政策不仅关注旅游地的发展和旅游企业经营管理，还重点关注游客旅游体验品质的提升。尤其是对入境游客的管理和服务品质提升，已成为近年来旅游政策的一个重点。

3. 泰国的旅游发展政策

虽然泰国的社会经济发展和旅游产业演进的绝对水平不高，但旅游产业的发展速度和规模相对于其他产业而言显得出类拔萃，很快便引起了政府的高度重视，且被纳入了政府的发展规划。

泰国政府在支持旅游产业的政策方面采取了一系列举措。一是在1969年建立了泰国旅游组织。二是首次将旅游产业写入第四个国民经济与社会发展五年规划（1977—1981年），这标志着旅游产业的重要地位在泰国已经得到政府的充分重视。三是泰国旅游组织升级为泰国政府授权并拥有财政预算的泰国旅游局。政府主导作用的成功增强了政府发展旅游产业的信心。四是通过加强市场促进与营销，支持国家直接投资建设旅游目的地。

同时，也支持企业投资服务领域，继续扩大旅游产业规模。

泰国政府强调细致的政府管理是保护泰国独特的自然旅游资源与文化遗产的根本动力，泰国必须发展更具国际竞争力、环境可持续性以及对社会更负责的旅游产业。

（二）欧洲主要国家的旅游发展政策

欧洲是世界上发达国家较为集中的区域，其旅游业发展依托于相对发达的国民经济、完善的市场制度和富有活力的市场主体。在旅游发展过程中，政府更多关注旅游的社会功能和公共服务，同时充分发挥市场作用，开展各种具有针对性的目的地营销。

1. 意大利的旅游发展政策

在意大利，文化遗产、活动与旅游部下属的旅游总局负责制定旅游政策。意大利高度重视文化遗产保护。长期以来，意大利都是世界文化遗产最多的国家。众多的文化遗产是意大利旅游业发展的基础。因此，高度重视文化遗产保护与可持续利用是意大利旅游政策与战略的重要内容。

意大利重视实施跨区域整合。近年来，意大利国家旅游主管部门重点对卡拉布里亚、坎帕尼亚、普利亚及西西里岛四个区域进行了旅游整合。此外，旅游管理部门还对地方跨年项目进行协调，比如坎帕尼亚、巴西利卡塔及普利亚村庄接待业计划、卡拉布里亚、普利亚及西西里岛地中海美食与葡萄酒项目、伦巴第、西西里岛乡村旅游项目等，旨在提升旅游企业绩效、促进文化旅游发展、改善基础设施、降低污染、吸引客源、开发新文化旅游线路。

意大利重视国际合作。加强与其他国家和地区的旅游合作，积极参与各类国际组织旅游事务是提升意大利旅游知名度和塑造意大利旅游品牌的主要经验，也是其保持紧跟世界旅游发展趋势的重要举措。

2. 法国的旅游发展政策

法国旅游政策的具体执行则由法国旅游发展署与国家度假支票管理局负责。前者主要负责法国旅游业增长及旅游目的地的海外营销，后者负责法国国民度假。此外，企业管理总局与全球化、发展与伙伴关系总局也提供相应服务。

法国政府大力保障其公民平等享受休假权。法国是世界上最先立法实施立带薪年休假制度并将休假作为所有公民权利的国家之一。早在1936年，法国议会就通过法律条文，规定"法国所有员工只要在一家企业连续工作满一年时间，便可以享受15天的带薪假期"。1982年，法国政府设立了国家度假支票管理局，专门负责保障公民休假权的落实。法国积极推动"让所有人都休假"的理念，大力推进"社会旅游"，对特殊群体实施旅游援助。

法国重视旅游营销。法国的旅游主管部门的主要职能之一就是旅游营销工作，目前法国已经形成了由国家—地区—基层（即旅游发展署—大区或省旅游委员会—旅游办公室）三级部门主导营销的格局。法国在各级政府之间、政府与企业之间、企业与企业之间建立了多层次的营销网络。在各级政府机构之间的联合营销活动中，法国政府强调发挥不同机构的作用，通过分工协作取得更好的市场效果。

法国旅游业不断丰富产品类型，为市场提供更有吸引力、更加多元化的产品。法国政府对外推介艺术和生活、文化和历史遗迹、高尔夫旅游、海滨旅游、体验自然、高山滑雪、海外省旅游、休闲度假、休学游、商务游、工业游、残疾人旅游、宗教旅游、环保旅游、乡村游、城市游及红酒之旅等多样化、多层次的旅游产品。

3. 英国的旅游发展政策

在英国,旅游发展相关事务由数字、文化、媒体与体育部总体负责。苏格兰、威尔士、北爱尔兰及大伦敦区等地方管理部门对当地的旅游发展拥有自主决策权。文化、媒体与体育部同时负责英格兰旅游业发展以及大伦敦地区的海外旅游营销工作。

借助于丰富的文化遗产以及蓬勃发展的创意产业,英国大力推动旅游与文化的产业融合。遗产彩票基金会(HLF)在英国文化遗产旅游发展过程中发挥着重要引导作用。制定以文化遗产旅游为重点的入境旅游发展战略,充分发挥在遗产、传统与现代文化等方面的资源优势,提高英国的国际旅游形象,成为该战略的关键内容。对英国文化遗产旅游进行有效营销。

英国地方自治制度历史悠久,英国各地的旅游发展充分发挥各地的自主性。各地根据自身的自然环境、地方文化来发展旅游,尤其是在旅游产品开发和对外营销方面。

(三)美洲主要国家的旅游发展政策

1. 美国的旅游发展政策

美国旅游管理体制实行三级分权管理,联邦政府、州政府及目的地营销组织均对美国旅游业发展具有相应的职权。为了充分发挥旅游业的综合性拉动作用,带动美国经济走出困境,美国政府高度重视发展旅游业,将其视为解决就业、恢复经济、造福民生的重要利器与手段。

美国重视国家公园发展。美国国家公园采取以国家公园管理局为核心,国家公园基金会为辅助,企业、科研机构、非政府组织等多主体参与管理的体系。目前国家公园管理局负责以下21种不同类型单位的管理:国家公园、国家纪念馆/碑/物、国家保护区等。美国政府给予国家公园管理体系重要的立法保障。国家公园的运营经费是美国联邦政府的财政经常性预算项目。

美国政府在发展旅游业过程中,非常重视海外营销工作。美国联邦政府于2009年推行了《旅行营销法案》,并在此基础上建立了旅游促销组织以提高旅游营销效果,改善美国国际旅游形象。联邦政府及其涉外机构、地区政府、目的地旅游组织、营销专业公司等共同推动旅游营销。

美国政府不断提升旅行的便利性。为便利访美游客进入美国,美国政府积极减少旅游服务自由流动所面临的制度障碍,积极扩展免签计划(VWP),促进签证手续便利化,拓展可信赖游客计划,积极改善入境航空安全检查程序,积极利用先进的航空安全检查技术,投资航空基础设施建设等。

2. 加拿大的旅游发展政策

加拿大联邦政府、十个省政府、三个地区政府及自治市均有专门机构负责旅游业发展。在联邦政府层面,产业部对发展旅游业负有领导责任,而其下属的小企业和旅游国务部对旅游业发展负有具体职责。加拿大旅游委员会负责加拿大旅游品牌建设、旅游市场营销与调查。加拿大政府机构之间、各级政府之间具备良好的协同意识,在促进加拿大旅游营销、游客便利性、区域旅游发展及提高旅游者体验等方面发挥极为重要的作用。

在航空交通方面,加拿大交通部在"蓝天协议"框架下与包括欧盟主要成员国与印度、中国、韩国、日本及墨西哥等重要市场在内的80多个国家签署一系列协议,为重要客源国游客提供更具弹性的线路及价格,允许协议国更多航班经过加拿大或前往加拿大,更加便利地进入关键机场。加拿大还与多个国家开展双边签证合作,减少低风险旅游者与经常性旅游者的重复签证申请,积极推行网签申请系统,提高签证便利程度。

加拿大不断丰富旅游产品,推动文化遗产旅游与节事旅游,推动北方地区及民族地区的旅游开发。加拿大就业与社会发展局出台一系列计划,帮助提升旅游部门就业水平,支持民族地区文化大使计划,解决民族地区就业问题。

(四)非洲主要国家的旅游发展政策

1. 南非的旅游发展政策

旅游业已成为南非重要的支柱产业。旅游业的发展为南非增加了外汇收入并提供了大量就业岗位,尤其是通过发展"旅游扶贫"来减少最贫困社区的数量。南非目前仍是世界上贫富差距最为悬殊的国家之一。贫富差距的严峻现实促使南非政府及各界积极探寻解决的良策,旅游扶贫就是其中之一。这需要政府不仅在政策和制度上给予有力保证,同时需要政府给予强有力的投入,来保障这一规划能有效实施。

南非致力于开发特色旅游产品。南非有丰富独特的旅游资源,根据地区不同的资源状况进行旅游项目设计。对于那些拥有高品质旅游资源的地区,旅游项目的设计主要是如何使资源特色更加突出;对于旅游资源相对薄弱的地区,则主要是对旅游资源进行补充和创新,通过各种途径来增加旅游区的项目和内容,从而增强吸引力。生态旅游是开发的一个重点。应该充分利用本国丰富的热带动植物资源,开辟国家公园、狩猎区、野生动植物园来吸引各类游客,还可以利用雨林、沙漠、草原等不同的景观开展科考旅游、探险旅游等项目。

南非也在努力提升南非旅游形象。旅游地形象是游客对旅游地的总体感知,它是一种概括的、抽象的主观评价。好的旅游形象对游客具有较强的吸引力。非洲大陆给人的印象一直与贫困、落后、战乱、疾病等词语相关联。扭转这种消极的旅游形象对南非国家旅游业发展极其重要。旅游业已成为南非新的经济增长点,在消除贫困、解决就业、发展国家经济等方面发挥着日益重要的作用。南非绝大多数人都已认识到犯罪行为和排外暴力对旅游业的负面影响。民众呼吁政府采取措施,积极面对和解决犯罪问题,以提升南非旅游形象。具体的措施包括对自身旅游形象进行准确定位,然后通过设计旅游宣传口号,打造典型旅游标志、设计旅游吉祥物、评选旅游大使、选择特定旅游色彩等一系列行动树立起良好的旅游形象。

2. 埃及的旅游发展政策

埃及旅游政策发展经验在于根据各个发展阶段制定相应的政策,推动旅游业的发展。在发展期(1981—1991年),埃及支持私营和外资旅游公司发展,对私营旅游公司和外资旅游公司投资旅游项目大力支持。在调整期(1991—2001年),埃及国际国内形势不稳定,此阶段主要措施就是打击恐怖袭击,确保国内旅游环境安全。在飞速发展期(2001—2010年),埃及无论是旅游人数还是旅游收入都直线上升。在这一时期,埃及进一步吸引旅游投资企业、完善旅游景区建设、加大旅游基础设施建设力度。

埃及政府出台各种措施努力提振旅游业。例如,建立对旅游企业特别是中小企业的支持和帮扶机制,增强本国旅游业的适应性和竞争力;免收酒店等旅游相关机构为期半年的房地产税，并提供500亿埃及镑的低息贷款，供酒店和旅游公司支付员工工资等。同时，相关机构为旅游从业人员提供系统性的业务培训，强化和改善旅游安全、健康和卫生等方面的管理，以更好地应对形势变化带来的新挑战。

思政园地

世界旅游联盟：旅游助力多元化乡村振兴

2023年5月25日，"世界旅游联盟·丽江会员日"在云南省丽江市举办。活动旨在深度探讨旅游助力乡村振兴的多元化模式，分享典型乡村振兴案例经验，展现旅游对于促进共同富裕的独特作用，推进乡村文化和旅游产业的融合发展。未来，世界旅游联盟将继续搭建会员日活动平台，积极宣传旅游助力乡村振兴的成果和经验，讲好旅游促进共同富裕的中国故事。

世界旅游联盟副主席兼秘书长刘士军以"文化和旅游高质量发展助力共同富裕"为题，从三方面深度分析了文旅行业如何助力实现共同富裕。他认为：首先要推动文旅行业的城乡均衡发展，持续将文旅资源向乡村和相对欠发达地区倾斜，培养欠发达地区居民的共同富裕意识，同时强化欠发达地区自立自强的能力；其次要开展供给侧改革，提升公共文化服务效能，扩大文旅服务惠及覆盖面，全面推动设施革新、技术革新与政策革新；最后要通过国际渠道，推广共同富裕的中国经验。世界旅游联盟将继续积极探索文化和旅游高质量发展助力共同富裕的有效路径，为全球的文化旅游行业提供可复制、可推广的经验。

云南省丽江市委书记浦虹分享了丽江乡村旅游的三点思考：一是留住乡愁，保留丽江原始风貌，保持丽江世界独一无二的乡土味道；二是共建共享，让广大的老百姓能够更多地获得全产业链的收益；三是丰富业态，提高丽江游客的体验度，创新丽江乡村旅游的产品供给。

文化和旅游部资源开发司二级巡视员白四座在致辞中提出，实现乡村振兴，乡村旅游是排头兵、主力军。全面推进旅游助力乡村振兴，要立足特色资源，坚持科技兴农，因地制宜地发展乡村旅游、休闲农业等新业态，推动乡村产业发展壮大。白四座建议，赋能乡村振兴，首先要坚持共建共享，以人民为中心，提高获得感、幸福感和安全感；其次，要深入挖掘乡村优秀传统文化所蕴含的思想观念、人文精神和道德规范；最后要加强整合提升，打造有特色、有品位的路线。

（资料来源：赵婷婷. 世界旅游联盟：旅游助力多元化乡村振兴"[EB/OL].（2023-05-27）[2023-08-14]. https://baijiahao.baidu.com/s?id=1767035879679395000&wfr=spider&for=pc.）

旅游组织是为了加强对旅游行业的引导和管理，为了旅游业的健康发展而建立起来的具有管理、协调等职能的旅游业专门机构。按照旅游组织的职能范围不同，可分为国际性旅游组织、国家级旅游组织和地方性旅游组织。按照旅游组织的职能性质不同，可分为旅游行政组织和旅游行业组织。

与我国相关的几个代表性的国际旅游组织主要包括世界旅游组织、太平洋亚洲旅游协会、世界旅行社协会联合会、国际民用航空组织、国际航空运输协会、世界旅游及旅行理事会。我国的旅游组织主要分为两大类，第一类是旅游行政组织，包括国家文化和旅游部、省（自治区和直辖市）文化旅游局以及省级以下的地方旅游行政机构，它们对旅游进行组织、领导、控制、协调和监督，行使旅游管理职能，实现对旅游发展进行宏观管理和调控的目的；第二类是旅游行业组织，包括中国旅游协会、中国旅行社协会、中国旅游饭店业协会、中国旅游车船协会、中国乡村旅游协会等，它们为加强行业间及旅游行业内部的沟通与协作，实现行业自律，保护消费者权益，并促进旅游行业及行业内部各单位的发展做出了贡献。

旅游业的发展还应该遵循国际管理原则，世界旅游业运行的主要原则包括旅游业的普遍重要性原则；通过旅游立法，规范旅游业发展；人力资源开发原则；旅游业可持续发展原则。每个国家的历史、政治体制、地理、自然环境和文化发展史各不相同，所以每个国家的旅游业发展水平也不一样，国家在制定各国旅游发展政策时，都会对国内的社会发展水平、经济发展水平、人文自然资源、民族风俗习惯进行综合考虑，制定符合本国发展规律的旅游政策。

一、填空题

1. 世界旅游组织英文简称为_____。
2. 按照旅游组织所覆盖的地域范围划分，亚洲太平洋旅游协会属于_____。
3. 世界旅游组织总部设在_____。
4. _____是一个具有广泛代表性和影响力的民间国际旅游组织，在整个亚太地区以至世界的旅游开发、宣传、培训与合作等多方面发挥着重要作用。

二、简答题

1. 简述旅游组织的含义及分类。
2. 简述世界旅游组织的宗旨和职责。
3. 世界旅游业运行的主要原则。

学习案例

桂林阳朔：旅游＋产业融合　打造"漓江上的明珠"

"桂林山水甲天下，阳朔山水甲桂林"。桂林阳朔，位于漓江之畔，如诗如画的自然风光让阳朔闻名世界。近年来，阳朔县坚持"广西生态优势金不换"的理念，在狠抓漓江生态保护的基础上，大力发展"旅游＋"产业，努力做到山青、水秀、景美、产业兴、农民富，让群众过上更美好幸福的生活，让阳朔这颗"漓江上的明珠"散发出更为独特的魅力和光芒。

一、党建引领，擦亮绿色生态招牌

漓江发源于"华南第一峰"猫儿山，全长214千米，流经桂林、阳朔等地，人称"百里漓江、百里画廊"。其中风景最美的一段江水蜿蜒穿过阳朔，是沿岸群众赖以生存和发展的生命之源。

为守护漓江两岸良好的生态环境，2020年4月，桂林漓江风景名胜区管理委员会联合漓江沿江乡镇村屯开展"党旗领航漓江卫士"党建新品牌工程，将漓江沿江乡镇、村屯及群众、企业纳入一个整体，实施"卫漓江党建带""护明珠党建圈""升品质党建群"的党建联盟活动，建立"政治理论联学、区域发展联谋、生态环境联护、实践活动联办、党员队伍联建、作风纪律联抓"六联工作机制。目前，漓江阳朔段沿岸的22个村委已签订党建联盟协议，共同保护两岸生态环境。

"我们经过多次沟通、协调，在党建联盟的推动下，在当地政府的帮助下，完成了阳朔兴坪镇渔村的生态修复工作。"桂林漓江风景名胜区管理委员会机关党委副书记韦翔说。

阳朔兴坪镇渔村是一个古村落，修复后的环境得到了极大改善，今年"五一"假期上岛游客超3万人次，成为热门景点。

"党旗领航漓江卫士"党建新品牌工程将政府和执法部门紧紧联系在一起，构建起了综合执法联动协同化、执法监管责任网格化、执法监管制度化等长效管理机制，能有效解决护岸破坏、水土流失、村庄污水直排等破坏漓江生态环境的问题。

如今，漓江沿岸的污水处理设施逐步完善，生态环境得到了明显改善。保护漓江流域的生态环境，擦亮"桂林山水甲天下"这块金字招牌，"绿水青山就是金山银山"的理念，越来越深入人心。

二、最美山水间，绘就小康生活

漓江支流遇龙河全长43.5千米，两岸山峰清秀迤逦，连绵起伏；江岸绿树成荫，翠竹葱郁；遇龙河的水如同绿色的翡翠，清澈透亮，鱼儿闲游，竹筏飘摇。

清晨，家住阳朔桔香桃源易地扶贫搬迁集中安置点的徐荣兴像往常一样骑着摩托车来到金龙桥码头，开始一天的忙碌。徐荣兴是遇龙河景区的竹筏工，现在是旅游旺季，他每天要撑着5米长的竹竿划着竹筏，搭载游客在遇龙河的金龙桥到旧县这段景点最多、风光最美的河段航行。在景区务工，徐荣兴每月收入超过2 000元。

随着当地政府与旅游企业合作力度的加强，重大旅游项目、遇龙河景区、漓江景区等用工优先考虑当地村民。目前，在遇龙河景区从事筏工漂游服务的有3 000多人，绝大部分为当地人，仅竹筏工一项人均年收入就超过2万元。

如今，阳朔县依托丰富的旅游资源，越来越多的群众实现了家门口就业，全县乡村旅游从业人员8万多人，直接通过旅游产业脱贫的超过2 000人。阳朔县已建成国家级农业旅游示范点2个，区级农业旅游示范点4个，特色旅游景观名镇1个，星级农家乐10家，休闲农业与乡村旅游企业66家，农业观光采摘园点130多个，休闲农庄90多个。群众实实在在地享受到旅游发展带来的实惠，幸福感、获得感不断增强。乡村旅游已成为阳朔旅游中极具魅力的重要组成部分和乡村振兴的重要推动力。

三、旅游＋文化＋农业融合，促进乡村振兴

夜幕降临，热闹的遇龙河上恢复了宁静，平静的水面在微风中荡起轻轻涟漪。而在《印象·刘三姐》实景演出剧场里却是另一番景象，歌声、掌声、欢呼声此起彼伏，热闹非凡。

《印象·刘三姐》大型山水实景演出以漓江水域和书童山等十二座山峰为舞台，以广西歌仙刘三姐的传说为故事主线进行，开创了中国山水实景演出的先河，演出十几年来长盛不衰，打造了山水旅游与文化产业融合发展的典范。

借鉴《印象·刘三姐》的成功经验，阳朔县不断深耕少数民族传统文化和原生态本

土文化，将自然风光与人文艺术深度融合，让旅游内涵更丰富。

阳朔县在《印象·刘三姐》原有鼓楼建筑群的基础上进行升级改造，打造了第一座刘三姐文化收藏全门类博物馆——刘三姐文化印象博物馆；大型文旅演艺项目"桂林千古情"在阳朔镇骥马村开演后，也广获好评，项目融合传统文化、实景体验和交互娱乐的"主题公园＋文化演艺"的模式，再现桂林的历史文化与民族风情。

阳朔县不仅在"旅游＋文化"上做足文章，"旅游＋农业"也逐步形成规模。近年来，阳朔县重点打造国家全域旅游示范区、遇龙河国家级旅游度假区、遇龙河生态乡村示范区、金橘及百里新村经济示范带、漓江东线生态乡村示范带等，逐渐形成了"旅游景区＋脱贫村""旅游合作社＋农户""旅游商品基地＋农户""旅游双创＋就业"等多种发展模式，加速实现"产业兴旺、生态宜居、乡风文明、治理有效、生活富裕"的美好未来。

（资料来源：刘君.桂林阳朔：旅游＋产业融合　打造"漓江上的明珠"[EB/OL].（2021-08-02）[2021-08-05].http://m.xinhuanet.com/gx/2021-08/02/c_1127714375.htm.）

问题：
1. 结合本案例，桂林阳朔在实施"旅游＋产业融合"的过程中，哪些组织在共同努力？
2. 这些组织分别发挥了什么作用？

第八章 旅游新业态

(1) 了解"旅游+"的概念、本质、作用及特征,提升对"旅游+"未来发展趋势的理解。
(2) 理解在线旅游的发展、在线旅游市场的分类。
(3) 掌握在线旅游的移动端应用、旅游共享经济特点、旅游共享经济发展趋势。

(1) 正确认识旅游业服务的核心支柱,培养学生的诚信精神、旅游服务的人本意识。
(2) 培养学生良好的旅游职业道德素质。

第一节 "旅游+"业态

一、"旅游+"概述

(一)"旅游+"的概念

"旅游+"是指充分发挥旅游业的拉动力、融合能力,以及催化、集成作用,将旅游产业与其他产业有机结合,为相关产业和领域发展提供旅游平台,形成新业态,提升其发展水平和综合价值。

传统的旅游发展模式是吃、住、行、游、购、娱六大产业,新形势下,市场需求发生变化,旅游产业需要根据行业发展,运营模式与时俱进。旅游产业具有高关联性和强带动性的特征,以"旅游+"为核心的泛旅游产业,通过旅游这条主线串联起健康、互联网、金融、零售等业态,在丰富旅游度假深度体验的同时,带动相关联产业的发展,带来更多增值内容,形成高附加值和溢出效应。"旅游+"战略的提出,将是产业融合发展的有力践行,不仅为旅游业的发展提供更多机会,同时,旅游的创新成果深度融合于经济社会各领域之中,还会提升其他产业的创新力和生产力,形成更广泛的以"旅游+"为先导的各种经济建设新常态。

(二)"旅游+"的本质

"旅游+"的本质是服务,即通过"旅游+"将旅游业的服务意识、服务标准、服务质量、服务流程等融入农业、工业、商业等相关行业和领域,带动其服务水平提升和服务价值提高,从而增加相关产业的经济附加值,提升相关行业的消费者满意度。

(三)"旅游+"的作用

旅游以其强劲的市场开拓力量、美好生活追求动力及人文交流优势,通过"旅游+"

给世界带来深刻影响。"旅游+"是创造价值、放大价值的"+"。旅游业与各行业融合发展，在拓展旅游业自身发展空间的同时，催生各种新业态、提升各行各业的发展水平。"旅游+"具有"搭建平台、促进共享、提升价值"的功能。"旅游+"会带来产品创新、技术创新、流程创新、市场创新、管理创新等。

（四）"旅游+"的特征

1. 产业有机融合

"旅游+"的业态组合重点在"产业有机融合"，从而创造价值、放大价值。"旅游+"的业态组合不是简单地做"1+1"的加法，而是产业有机融合，即找到个性化的、有良好旅游体验的契合点，突出对旅游主题的规划设计，并将其发展成能带动消费的模式，会产生"1+1＞2"的效果。"旅游+"能"+"出新的价值。

2. 以市场需求为导向

"旅游+"是以市场需求为导向，为所"+"各方搭建巨大的供需对接平台。"旅游+"以市场需求为导向，具有很强的产业融合带动作用，如"旅游+赛事""旅游+阅读""旅游+营地""旅游+科技"等做法，不仅创造了旅游市场新的增长点，也为其他产业的发展开辟了新路径。

3. 核心是人的发展

"旅游+"的核心是人的发展，实质是通过人来实现"+"，用"+"来服务人。"旅游+"是一个可以全民广泛参与、广泛受益、广泛分享的"+"。"+"的过程就是一个人力资本开发、创造力激发的过程。

4. 形式丰富多样

"旅游+"具有天然的开放性、动态性，"+"的对象、内容、方式可以充分拓展。旅游业无边界，"+"的速度越来越快。经济社会越进步发展，"旅游+"就越丰富多彩。

二、"旅游+"的支柱

（一）服务至诚

服务至诚是指以最诚恳、诚信和真诚的态度做好旅游服务工作，是旅游行业服务社会的精神核心，也是旅游从业人员应当树立的基本工作态度和应当遵循的根本行为准则。《礼记》中记载："诚者，天之道也；思诚者，人之道也。"人无信不立，国无信不强。发展旅游业应以诚信服务为本。由于旅游产业链长，存在大量的一次性短期交易，并且信息不对称现象严重，旅游行业的特殊性使得诚信缺失成为旅游业和谐发展的"顽疾"。加强旅游市场诚信建设，必须在实践中进一步坚持并完善诚信评价体系，建立旅游业"红黑榜"发布制度；引导旅游企业以诚信服务为本，以市场为导向，以科技为依托，严格规范旅游服务的质量、价格、监督以及旅游从业人员的服务工作，全面提升旅游服务的质量和水平，真正以诚信服务赢得广大游客；特别要倡导旅游从业人员诚信守法经营，引导游客明白消费。以上措施将有利于培养从业者的职业道德，有利于营造一个公平公正的旅游市场环境、诚信和谐的感知环境、投资兴旅的动力环境，有利于提高政府驾驭旅游市场的能力。

（二）以游客为本

旅游业的服务强调人本意识，"顾客至上""以游客为本"，为游客提供高质量的服务。"游客为本"即一切旅游工作都要以游客需求作为最根本的出发点和落脚点，是旅游行业赖以生存和发展的根本价值取向。

三、"旅游+"的未来发展

（一）"五化"变革趋势

融合性是旅游业的本质属性。旅游业的综合性特征决定了其只有依托多个产业，才能向旅游者提供包括行、住、食、游、购、娱等在内的旅游产品和服务；旅游业的关联性特征，既为旅游产业融合发展提供了前提条件，又拓宽了旅游产业融合发展的空间。旅游业的综合性和关联性特征，也决定了旅游业是国民经济中最具备融合发展优势的战略性产业。旅游是综合性产业，是拉动经济发展的重要动力。

"旅游+"正在与各个行业不断融合。"旅游+五化"发展战略将大有作为。"旅游+五化"发展战略包括："旅游+新型城镇化""旅游+新型工业化""旅游+生态化""旅游+信息化""旅游+农业现代化"。"旅游+新型工业化"的典型案例，如浙江省金华市东阳紫檀博物馆、武义田歌实业、义乌新光集团、义乌巨龙箱包等浙江省工业旅游示范基地。"旅游+生态化"大力发展生态旅游，建设区域性健康、休闲、养生、养老的旅游区。如浙江省金华市武义县，素有"温泉之城"的美誉，每年举办温泉节、养生博览会，打造"温泉名城，养生胜地"旅游特色。"旅游业+农业现代化"促进农旅融合，发展乡村旅游、休闲产业等现代农业新形态。

（二）推进"旅游+"新的生活方式

1. 推进"旅游+休闲度假"

《"十四五"旅游业发展规划》明确指出，全面建成小康社会后，人民群众旅游消费需求将从低层次向高品质和多样化转变，由注重观光向兼顾观光与休闲度假转变。2023年春节假期中国国内旅游出游3.08亿人次，比2022年同期增长23.1%，实现国内旅游收入3 758.43亿元。旺盛的旅游消费需求和不断增长的休闲时间，推动了休闲度假旅游持续增长，休闲旅游品质持续提升。当前，我国国民对休闲旅游的重视程度越来越高，休闲旅游的内容更加丰富，不同群体的休闲度假消费潜力巨大。

为适应我国城乡居民旅游消费快速增长和转型升级需求，国家旅游局启动了国家旅游度假区创建工作；开展了中国国际特色旅游目的地创建工作。下一步将引导社会资本建设一批满足大众化、多样化、多层次休闲度假需求的国民度假地；支持景区和城市发展旅游演艺，丰富旅游者晚间休闲生活；支持引导社会资本开发温泉、滑雪、滨海、山地休闲度假产品，加快推动环城市休闲度假带建设，鼓励城市发展休闲街区、绿道、骑行公园、慢行系统，拓展城市休闲空间。2023年2月13日，《中共中央 国务院关于做好2023年全面推进乡村振兴重点工作的意见》明确提出，实施乡村休闲旅游精品工程，推动乡村民宿提质升级。这一系列政策为推进"旅游+休闲度假"提供了良好的条件。

2. 推进"旅游+研学（教育）"

近年来，研学旅游市场需求巨大。越来越多的学校和家庭认识到"读万卷书、行万里路"对青少年成长发展的重要性,研学旅游成为许多青少年假期生活的重要内容。

3. 推进"旅游+交通"

我国已经进入汽车时代、高铁时代、低空时代。高铁的开通,汽车保有量的增加、航空条件的改善,极大地便利了游客出行,顺应了"旅游+交通"时代的需求。目前,我国游客选择自驾游出行的比例已超过70%。2020年我国自驾车旅游超过20亿次,约占整个中国国内旅游比重的3/4左右。庞大的自驾游规模和日益兴起的房车旅游对营地建设产生了巨大的市场需求。国家旅游局着手编制全国自驾车房车营地建设规划和建设标准,促进自驾车房车营地建设,协调出台营地住宿登记、安全救援等方面的政策措施;依托铁路网,开发高铁旅游、旅游专列,开发建设铁路沿线旅游产品。

4. 推进"旅游+新型养老"

老年旅游是新兴旅游市场。第七次全国人口普查数据显示,我国60岁以上人口已超2.6亿。人口老龄化及养老已成为当前热点话题。随着我国人口老龄化的发展,老年旅游需求大幅上升,旅游消费潜力巨大。

5. 推进"旅游+健康养生"

健康养生旅游正在成为旅游消费新热点。《中国健康养生大数据报告》显示,健康养生引起了越来越多人的关注,18~35岁群体占据了八成,充分显示出健康养生不仅是年长人士的专利,越来越多的年轻人在关注自身的健康问题,并付诸实际行动。中国保健养生市场每年蕴含高达15 000亿元的市场份额,平均每位城市常住居民用于健康养生的年均花费超过2 000元。国家旅游局与国家中医药局密切合作,共同开展中医药健康旅游试点城市和中医药健康旅游示范产品建设;鼓励有条件的地方建设一批中医药健康旅游产业示范园区,在业态创新、机制改革、集群发展方面先行先试;规范中医药健康旅游市场,完善标准,加强质量监管;推动中医药健康旅游国际交流合作,中医药文化通过旅游更有效地走向世界。

6. 推进"旅游+购物"

旅游商品种类少、品质低、特色不够,一直是我国旅游要素中的一个短板。目前,我国旅游消费构成中旅游购物消费只占24%左右,远低于旅游发达国家40%~70%的比重。因此,加大对旅游商品研发、创意支持力度,提升旅游购物水平,推进中国旅游商品特色化发展,增强市场吸引力具有很强的实际意义。

小知识

实施乡村振兴战略是党的十九大做出的重大决策部署,是以习近平总书记为核心的党中央着眼党和国家事业全局,深刻把握现代化建设规律和城乡关系变化特征,顺应亿万农民对美好生活的向往,对"三农"工作做出的重大决策部署。田园综合体、共享农场、乡村旅游、扶贫攻坚工程等都在这一战略指导下得以统合发展。特别是共享经济模式很火热,由此催生出的"共享农场",在全国范围的热度正在持续升温,"共享农场+养生养老"模式,将是未来的一个发展机遇,前景广阔。

党的二十大报告明确指出,要全面推进乡村振兴,扎实推动乡村产业、人才、文化、生态、组织振兴,发展乡村特色产业,拓宽农民增收致富渠道。长远来看,旅游业是乡村振兴的有效推动力,深入挖掘乡村旅游资源,开发与拓展乡村旅游产业链条,对于推进乡村振兴具有重要的现实意义。

第二节 在线旅游业态

一、在线旅游概述

(一)在线旅游的定义

在线旅游(online travel)是由互联网与旅游业之间融合发展而产生的新型旅游业态。从消费的角度来讲,"在线旅游"是指旅游消费者通过旅游服务企业提供的旅游预订平台购买旅游产品和服务的旅游消费方式;从供给的角度来讲,"在线旅游"是指旅游服务企业通过具有旅游信息传播、旅游产品与服务订购、旅游体验评价等功能的旅游电子商务网站提供线上旅游咨询与购买、线下旅游消费体验服务的旅游商业模式。

在线旅游产业链涉及众多领域,参与企业数量众多,且所处行业十分广泛。在线旅游产业链的上游是旅游资源的供应商,包括交通、住宿、旅游项目、服务支持等资源,涉及航空、高铁、客运、酒店、景区、租车公司、娱乐设施、保险签证等诸多企业。在线旅游产业链的中游是旅游产品整合及分销的线上线下平台,按照模式可以分为线下分销和线上产品整合及分销;线上产品整合及分销模式根据客户群体不同和平台模式不同又可以分为B2B平台、OTA类B2C平台和非OTA类B2C平台。在线旅游的下游主要是各类营销平台,包括个人原创的UGC平台、社交网络、搜索引擎、视频网站、移动应用等。此外,对在线旅游提供支持服务的产业也可以算作产业链的一部分,例如支付、旅游金融、到达服务、出行信息提供等,贯穿于整个产业链中。

(二)国内外在线旅游的发展

1. 中国在线旅游的发展

中国在线旅游市场的发展周期分为四个阶段,即萌芽期、成长期、发展期和成熟期。

(1)萌芽期(20世纪90年代末—21世纪初)。1997年全球互联网投资高潮兴起,互联网开始借助资本的力量向传统行业渗透,催生了中国第一批旅游网站。这一阶段的在线旅游企业主要依赖机票预订+酒店预订的佣金模式,即网站与供应商(酒店、航空公司等)合作,通过网络为顾客提供信息,顾客通过网站平台预订酒店或机票。该阶段的在线旅游企业以携程和艺龙为代表。

(2)成长期(2004—2006年)。2004年,在线旅游市场进一步复苏,由于技术发展,旅游产品在线代理进入标准化阶段,在线机票销售平台已较为成熟,机票代理发展迅速,成为在线旅游厂商主要收入来源。同程、去哪儿、酷讯、芒果旅行等在线旅游网站相继诞生,在线旅游市场形成了包含机票、酒店、门票等在线预订OTA业务和平台类业务共存的多元化业务结构。

(3)发展期(2007—2017年)。2007—2017年,在线旅游市场处于发展期。大量资本涌入在线旅游市场,推动细分市场创新和行业整合。标准品(机票厂商)巨头格局通过市

场竞争、股权转换基本形成，在线旅游市场竞争热点集中表现为在非标准产品市场（度假市场）的竞争。领先在线旅游厂商通过融合线上线下资源不断提高市场份额和整体产业渗透率。携程、途牛、同程等厂商都在致力于整合线下产业链资源，通过收购传统旅行社、建立线下服务中心，提升对线下资源的掌控力。阿里、百度、海航等资本不断支持在线旅游产业，自营或投资在线旅游企业；垂直领域企业成长迅速，在非标准住宿领域，如途家在2016年收购蚂蚁短租并整合携程和去哪儿的民宿业务，不断增强自身在非标准住宿领域的影响力。

（4）成熟期（2018年至今）。这一时期在线旅游市场整合完毕，行业服务纵深化，品牌成为核心竞争力，行业格局已经稳定。在线旅游市场出现移动化、碎片化等特点。移动端市场成为在线旅游市场的重要抢夺对象，移动APP创业公司纷纷涌现，用户对旅游的市场需求得到进一步细分。伴随着共享经济的发展，旅游共享经济的平台如途家、小猪短租、蚂蚁短租、跟谁游、座头鲸旅行等迅速崛起。

2. 国外在线旅游的发展

国外在线旅游的发展可以分为三个阶段。

（1）萌芽期（1950—1995年）。在线旅游渠道和平台的技术基础发源于现代航空业。1952年，Ferranti Canada为环加拿大航空公司开发了世界上首个计算机预订系统，命名为"ReserVec"。此后，美国航空公司借鉴ReserVec的成功经验，与IBM合作投资开发自己的计算机预订系统——于两年后推出的Sabre系统。在此基础上，其他航空公司也纷纷开发自己的计算机预订平台，从20世纪60年代开始，Deltamatic、DATAS、Apollo、PARS、Amadeus等系统纷纷诞生并开始投入使用，这些计算机预订系统的重点服务对象是旅行社。随着旅游业及信息技术的发展，Sabre于1985年发明了一种直接面向消费者的预订系统"eAAsy Sabre"，消费者可以跨过旅行社，直接通过该系统进行机票、酒店和车票的在线预订。1991年，Hotel Reservations Network成立，消费者可以通过电话进行酒店预订。该公司首先采用收取佣金的方式，由于大多数酒店不愿意支付佣金，公司随后发明了批发商模式。在该模式下，公司以净利价格支付给酒店，而以毛利价格出售给消费者。消费者预付款，公司可以赚取毛利和净利价格之间的价差。

在萌芽期阶段，众多在线旅游网站诞生，为OTA的萌芽奠定基础。1994年，世界上第一个酒店综合名单网站Travelweb.com建立，不久之后，该网站推出了直接预订服务。一年后，Viator系统公司（即Viator.com）成立专门的旅行科技部门，通过互联网提供目的地旅行的预订服务。同时，世界主流旅游出版社Lonely Planet积极利用互联网发展线上业务，该业务的成功激励其他旅游出版社纷纷从事线上业务。

（2）发展期（1996—2001年）。全球范围内大量OTA纷纷成立。1996年，微软创办Expedia，提供机票、酒店和租车服务的在线预订服务。Expedia的成立使众多模仿者纷纷进入OTA市场，在全球范围内掀起了OTA的创业与投资潮流。1997年Priceline创立，并于1998年以"Name Your Own Price"模式向全球用户提供酒店、机票、租车、旅游打包产品等在线预订服务。此后，TripAdvisor、Orbitz等著名OTA网站也相继在1999—2001年建立。

（3）整合集成期（2002年至今）。OTA巨头借助资本力量以并购形式扩张。OTA业务高度同质化使得并购扩张成为重要的提升市占率方式，国际上主流的OTA通过一次次并购扩大自身业务边界、完善产业链，成就龙头地位。Priceline 在 2005 年和 2007 年收购 Booking.com 和 Agoda 是其海外扩张的主要动作，尤其是 Booking.com 成为其长期增长的动力。此后又收购了 KAYAK、Rentalcars.com 和 OpenTable，向不同业务领域扩张。Expedia 也通过收购 Travelocity、Orbitz 等众多公司快速扩张。目前，线上 OTA 马太效应和规模优势明显，通过公司间的并购，全球 OTA 市场已经形成少数龙头把握市场的竞争格局。

二、在线旅游市场的分类

（一）在线旅游服务商

在线旅游服务商又称在线旅行社，即将传统的旅游产品放到网站上销售，主要以携程、艺龙、同程为代表。此类网站所扮演的是渠道中间商的角色，通过网络集中大量的目标客户，向上游供应商要求更低的折扣价格，再以比线下更有优势的价格销售给顾客，赚取中间的差额利润，目的是提供一站式服务。该服务商的业务范围包括酒店、机票、自由行、独家产品等，目前携程网依旧占据龙头老大的位置。

（二）旅游垂直搜索企业

旅游垂直搜索企业是针对某个行业或组织提供行业专业需求或者业务需求的专业搜索引擎。它是搜索引擎的细分和延伸，也是对某类网页资源和结构化资源的深度整合，可为用户提供符合专业操作行为的信息服务。旅游垂直搜索企业主要以去哪儿和酷讯为代表。

（三）在线直销平台

在线直销平台是将旅游产品直接通过网络销售。与在线旅游服务商模式不同的是，卖方不再是中间商，而是直接的供应商，即传统旅游企业。比较典型的在线直销网站是航空公司、连锁酒店集团等。

（四）旅游点评企业

旅游点评（user generated content，UGC）企业意在为用户生成内容，对在线旅游行业而言即为旅游社交和分享，是让用户通过网络将旅游行程的见闻和经验发表在网站上，分享给更多的旅游爱好者，进而帮助其制订旅游计划，是在线旅游行业的突破。这类企业实质是一种旅游资讯网站，大多有自己的商业特色。如驴评网注重"酒店点评"，供网友分享真实的住店经验。

（五）在线生活服务商

在线生活服务商分为团购平台、打车平台和租车平台三种类型。

（六）在线旅游支付平台

在线旅游支付平台主要是支付宝、财付通、中国银联电子支付等平台。

三、在线旅游的移动端应用

随着我国数字经济发展加快，移动终端的普及和移动应用行业产业链的不断完善与延伸，手机为我国居民提供了多方位、多角度的服务，满足了人民个性化、开放化的需求。近年来，中国手机网民数量不断攀升。截止到 2022 年 6 月，中国网民规模达到 10.51 亿人，其中手机网民规模达到 10.47 亿人。因此，移动端的在线旅游服务前景广阔。移动互联时代下的在线旅游市场极大改善了用户的消费体验，移动互联在OTA模式中占据了重要位置，主要体现在以下几个方面。

1. 移动定位服务

在旅游中基于位置的移动定位服务包括导航服务、位置跟踪服务、安全救援服务、移动广告服务，相关位置的查询服务等。比如根据当前定位位置，通过在线旅游服务商的APP等相关应用，查询附近酒店、旅游景点、娱乐设施等相关信息，在进行选择预订的同时，还可以导入地图应用，实现物理空间到达目的。

2. 移动信息服务

在线旅游提供的移动信息服务指的是用户在使用手机的过程中自动接收到来自广告商或旅游企业推送的相关针对性信息。对目标客户或者是进入一定旅游区域的用户进行相关旅游服务或旅游产品信息的推送，可以引导其产生消费行为。

3. 语音搜索服务

通过语音搜索服务，让游客更便捷地获取旅游信息，进而提升用户体验。

4. 个性化推送服务

个性化推送在当前电子商务领域并不鲜见。根据游客的搜索、浏览、购买历史，分析游客相关兴趣爱好，将与游客相关的旅游信息（特别是折扣优惠）直接推送到游客面前，增加用户黏度的同时，进一步提升用户体验。

四、在线旅游的发展趋势

我国旅游产业不断发展，随着渗透率的提升，在线旅游产业也将越来越大，随着国家政策的支持，行业标准的制定，高质量、高服务、高效率的在线旅游正在成为旅游业的主要模式。在线旅游的发展趋势如下。

1. 线上旅游与线下旅游加速融合

在线旅游企业发展迅猛，对传统线下旅行社构成了冲击。旅游企业之间价格战持续不断，不管是线下线上的争斗，还是在线旅游企业之间的激烈竞争，其实本质上都无法改变一个趋势：旅游业线上线下融合加速。

2. 度假游更加突出，OTA兼并加速布局

度假旅游产品随着消费者生活水平的提高逐步成为旅游体验的核心部分。乡村度假因为场地相对开敞、人员密度较低，正在成为城市居民重要的休闲度假方式。《中华人民共和国乡村振兴促进法》中明确规定，各级政府应当发挥农村资源和生态优势，支持红色旅游、乡村旅游、休闲农业等乡村产业发展，支持休闲农业和乡村旅游重点村镇等建设。未来随着农村土地政策的进一步优化，乡村度假有望在乡村振兴的大战略下迎来新的发展。

3. 定制游、自由行受青睐

近年来，随着居民消费水平不断提高，更加注重旅游体验、追求旅游品质的定制游、自由行越来越受青睐。定制旅游以其个性化、私人化和灵活性逐渐走俏旅游市场，更具个性化的深度游将成为旅游市场新的发展趋势。

五、线上"云旅游"

（一）"云旅游"的含义

"云旅游"的概念最早由我国学者魏宇（2011）提出，他提出"云旅游"是互联网日益兴盛、"云计算"技术迅速发展背景下形成的一种"线上+线下"融合，将旅游全过程资源、服务进行整合，利用互动运营平台等智慧旅游工具为互联网用户提供随时随地旅游全资讯的一种数字化旅游发展形式。具体来说，"云旅游"是指游客待在家中，通过直播等方式游览景点的方式。建立在大数据、云数据基础之上的"云旅游"，逐渐成为旅游行业供给创新、更好满足人们需求的一个突破口。

（二）"云旅游"的基本应用

在"云旅游"的基本应用上，有如下典型案例：故宫博物院与观众相约云端，分享"数字故宫"的故事；敦煌研究院首次推出微信小程序"云游敦煌"，带领游客远程畅游敦煌石窟；2020年樱花季，武汉大学联合各大媒体推出"云赏樱"慢直播；南京城墙中华门景区的讲解员，一边穿梭于古老的瓮城景区，一边通过直播平台，与大家分享城墙背后的历史，吸引了30多万人次在线观看；2020年2月上旬，重庆市文化和旅游发展委员会推出的线上文旅服务，扫描"云游重庆"在线博物馆二维码，就能24小时游览重庆中国三峡博物馆、重庆自然博物馆、重庆三峡移民纪念馆、重庆红岩革命历史博物馆，聆听金牌解说。这些产品包含了更专业的讲解、更深层的知识、更多元的实时互动。

第三节　智慧旅游业态

大数据时代，智慧技术已在旅游业广泛应用，智慧旅游给传统景区的升级带来了机遇，智慧旅游以信息化带动旅游业向现代服务业转变。

一、智慧旅游概述

智慧旅游，也被称为智能旅游，就是利用云计算、物联网等新技术，通过互联网/移动互联网，借助便携的终端上网设备，主动感知旅游资源、旅游经济、旅游活动、旅游者等方面的信息并实时发布，让人们能够及时了解这些信息，合理安排和调整工作与旅游计划，从而达到对各类旅游信息的智能感知、方便利用的效果。智慧旅游着重于科技手段在旅游中的应用。

二、智慧旅游建设

智慧旅游的建设最终体现在智慧管理、智慧服务和智慧营销三个层面。

（一）智慧管理

智慧管理包括旅游信息发布、实时数据统计、智能库存管理、智能财务、旅游电子商务、旅游预测预警、综合安防监控等方面。游客可以在各大网站、APP预约购票，现场扫码进入景区，景区通过后台数据可以实现精准的人流监控和客户关系管理。例如四川九寨沟景区的智慧旅游管理。四川九寨沟景区在集成的、高速双向通信网络的基础上，通过先进的传感与测量技术、先进的控制方法及先进的决策支持系统，实现了九寨沟旅游资源的优化使用、生态环境的有序开发与保护、游客满意度提升等目标。

（二）智慧服务

智慧服务包括游客定位、智能导航、电子地图、电子导游、智能导购、电子支付、互动社交服务等方面。例如，游客通过景区的智能服务系统及时获取景区内的停车场、公共卫生间等地点情况，能够实时获取停车场地的流量信息，查询空余车位，发生拥堵时，后台还可以及时报警，通知景区工作人员及时疏导。景区可以运用5G技术、虚拟现实技术，基于位置服务等技术，为游客提供实时的位置信息与周边服务设施信息，可以为游客推荐游览路线和语音讲解，帮助游客合理安排游览路线，采用语音、文字、图片、视频等形式为游客提供讲解服务，让游客充分了解景区的人文历史等，满足游客的多样化需求。例如，乌镇景区提供智能停车服务，游客直接看在停车场外的电子屏设备便知道车位目前的空余状况。游客在停车过程中，可以根据光感应装置点亮的路线停泊，极大提升了便利性。再比如江苏茅山景区建立了立体化、智慧型微媒体平台，实现景区官方网站、官方微博及官方微信全面专业化的运营。这些平台可以满足游客全方位旅游信息需求，有咨询投诉、客情查询及门票、餐饮、住宿、旅游纪念品的预、退订等在线服务功能，亦有景区最新动态、旅游文化、景点美图、精彩视频及周边交通等大量信息可供查询；景区还把导游词语音载入微信，随时随地满足游客游览需求，全方位给游客营造便捷的旅游服务体验。

（三）智慧营销

智慧营销包括旅游资源展示、游客资源分析、互动营销、精准营销、品牌推广、智能优惠券发放等方面。可以通过大数据、云计算等帮助景区进行旅游资源的展示，进行旅游品牌的推广，还可以为游客推荐景区附近的餐饮、酒店、交通等信息，为游客提供便捷的一站式服务。

三、智慧旅游发展趋势

（一）全面物联

智能传感器设备将旅游景点、文物古迹、城市公共设施联网，对旅游产业链上下游运行的系统实时感测。

（二）充分整合

实现景区、景点、酒店、交通等设施的物联网与互联网系统完全连接和融合，将数据整合为旅游资源核心数据库，提供智慧的旅游服务基础设施。

（三）协同运作

基于智慧的旅游服务基础设施，实现旅游产业链上下游各个关键系统和谐高效地协作，达成城市旅游系统运行的最佳状态。

（四）激励创新

鼓励政府、旅游企业和旅游者在智慧的旅游服务基础设施之上进行科技、业务和商业模式的创新应用，为旅游行业及整个城市提供源源不断的发展动力。

第四节　旅游共享经济业态

随着互联网技术的进步以及旅游消费的升级，旅游共享经济蓬勃发展。旅游共享经济通过改变旅游者出行方式、更新其旅游理念和影响其消费行为等形式，为解决旅游产业转型升级中发展不均衡和不充分问题提供了现实的可能方法。旅游共享经济依托于互联网技术的发展，通过旅游信息的共享，激活并释放旅游市场中闲置的资源，重构旅游相关要素的组织形式，延伸、拓展旅游产业链，注重旅游过程的参与性和体验性，是一种创新性的旅游消费活动。特别是随着旅游消费的升级和旅游消费理念的转变，共享消费理念被越来越多的旅游者所了解并逐步接受。

一、旅游共享经济的含义

共享经济是指拥有闲置资源的机构或个人，将资源使用权有偿让渡给他人，让渡者获取回报，分享者通过分享他人的闲置资源创造价值。

旅游共享经济是共享经济理念在旅游行业内吃、住、行、游、购、娱等各领域中的运用。从技术角度上说是依托互联网、大数据、云计算等现代技术，目的是实现旅游地闲置性碎片化非经营资源与多样化市场需求的高效对接，从而提高资源的整体利用率及综合效益。即旅游地居民或组织通过社会化网络平台，常态化地将自身拥有且处于闲置状态的非经营性设施、技能、时间等资源的使用权暂时性移转给旅游者，以获得经济效益，实现资源价值最大化的经济模式。常见的旅游共享服务有民宿共享服务、交通共享服务、民俗服装共享服务、旅游设备共享服务等等。

旅游共享服务都是围绕旅游相关产业展开的，旅游共享经济的推动和实施，能够让旅行者在旅游的软硬件服务方面得到补充，有助于提升旅游体验感，因此旅游共享经济势必会成为近些年旅游行业的发展重心，也是未来旅游产业发展的趋势所在。

二、旅游共享经济的特点

（一）需求空间大

游客需要前往其他城市或者景区进行游玩，一般轻装出行，难以携带所需的所有物品，因此需要通过在景区进行租赁或者共享经济的方式来获取所需物品，所以旅游共享经济能起到为游客提供帮助的作用。

（二）重使用

旅游共享经济的产权理念基础是共享使用权，这也是共享经济的重要特征。在旅游共享经济下，旅游者讲究"不求拥有但求使用""拥有不如善用"。与传统的"先拥有、再使用""重占有、不使用"的观念截然不同。重使用的理念可以将旅游地居民的闲置物品得以充分利用，实现变"闲"为"宝"，在充分实现物品价值的基础上满足旅游者的需求。

（三）轻资产

与传统的旅游租赁服务业相比，旅游共享经济是激活旅游当地的民众闲置资产，不会形成巨大的投资成本压力。旅游共享经济通过整合闲置的资源信息，将资源作用充分发挥。因此，旅游共享经济为轻资产经济，也有助于资产的优化配置。

(四)非标准模式

旅游共享经济的资源提供者并非专门为了接待游客而准备,旅游共享经济资源提供者所提供的服务内容存在差异化特征,并没有专门的标准。比如旅游共享经济中最为主要的住宿共享,所提供住宿的民众房屋装修色调以及大小、地段等都存在差异,甚至有家庭色彩,由此,非标准化也是旅游共享经济的特点。

(五)强渗透性

正因为旅游共享经济能够充分地链接旅游服务供给方和需求方,符合双方的利益,因此旅游共享经济一旦得到推广,则会快速获取认可。而且在旅游共享经济发展中,其中一个行业实现旅游共享,则会快速对其他行业实现渗透,最终实现旅游全面共享经济制度。这也是旅游共享经济高速发展的根本。

(六)大数据

旅游共享经济是基于信息基础设施的完善和信息传播技术的进步,以互联网技术为共享平台,通过大数据、云计算、物联网等新兴信息技术手段所创造的商业模式,能够将旅游者多样化的需求与闲置资源充分、高效连接以重新创造经济价值和社会效益。大数据的发展为旅游共享经济的发展提供了可靠基础,对帮助企业获取用户的社交网络信息、发现游客的活动规律和消费偏好、挖掘潜在的旅游需求、提高市场拓展和业务延伸的能力有着至关重要的作用。

(七)微就业

旅游共享经济可以碎片化地解决闲置劳动力就业问题,劳动者就业形式灵活,不需要经过传统的复杂的招聘程序,只需要在规定的时间和地点按照旅游者的需求向游客提供服务。旅游共享经济的从业人员由于其工作时间、地点、方式具有较强的灵活性与自控性,且多是自我雇佣的自由职业者,因此其就业方式被称为"微就业"。

三、旅游共享经济的发展现状

(一)我国共享经济发展现状

我国共享经济市场的起步相对较晚,在2010年前后才开始出现,但是借助于共享经济对于社会资源的充分利用以及对于参与者带来的直接收益作用,同时基于我国良好的网络信息覆盖,我国共享经济呈现井喷式发展态势。

1.政府对共享经济的重视程度越来越高

2018年是我国共享经济发展的关键节点,也是我国共享经济由鼓励性政策向监管政策转变的重要节点。2018年5月,国家发改委会同有关部门发布《关于做好引导和规范共享经济健康良性发展有关工作的通知》,提出了构建综合治理机制、推进实施分类治理、压实企业主体责任、规范市场准入限制、加强技术手段建设、推动完善信用体系、合理利用公共资源、保障个人信息安全、规范市场竞争秩序、加强正面宣传引导、完善应急处置保障等11个方面的要求。2020年7月,国家发改委等13个部门联合印发的《关于支持新业态新模式健康发展激活消费市场带动扩大就业的意见》明确提出,培育发展共享经济新业态,创造生产要素供给新方式。《"十四五"规划和2035远景目标纲要》提出,要发展战略性新兴产业,促进平台经济、共享经济健康发展。

2. 共享经济发展潜力巨大

随着共享经济相关的政策支持力度持续加大，新的共享服务和共享模式不断涌现；平台企业商业模式不断成熟，用户体验持续提升，共享型消费未来将成为主流消费方式。共享经济在旅游等领域的发展潜力也正加速释放。我国共享经济目前处于高速发展阶段，具有巨大的发展潜力。

从我国共享经济的基础数据来看，我国共享经济近些年的整体规模持续快速上升，从2013年的5 240亿元上升至2018年的73 580亿元，整体规模在短短的6年时间之内增长达到14倍以上。2022年国内共享经济市场交易额已经达到38 320亿元，同比2021年增长3.9%，部分数据见表8-1。

表8-1　2018—2022年我国共享经济交易额　　　　　　　　单位：亿元

领　域	年　份				
	2018	2019	2020	2021	2022
交通出行	2 478	2 700	2 276	2 344	2 012
共享住宿	165	225	158	152	115
知识技能	2 353	3 063	4 010	4 540	4 806
生活服务	15 894	17 300	16 175	17 118	18 548
共享医疗	88	108	138	147	159
共享办公	206	227	168	212	132
生产能力	8 236	9 205	10 848	12 368	12 548
合　计	29 420	32 828	33 773	36 881	38 320

（资料来源：国家信息中心.中国共享经济发展报告（2023）[R/OL].（2023-02-23）.http://www.sic.gov.cn/News/557/11823.htm.）

（二）我国旅游共享经济发展现状

1. 我国旅游共享人数规模及旅游共享经济规模现状

在共享经济整体发展的背景下，我国旅游共享经济在近些年也得到持续高速发展，旅游共享经济的相关数据如表8-2和表8-3所示。

表8-2　2013—2018年我国旅游共享人数规模数据

项　目	年　份					
	2013	2014	2015	2016	2017	2018
旅游共享人数规模/万人	1 113	1 351	2 907	4 512	6 376	8 627
旅游整体人次规模/亿人次	32.62	36.11	41.22	47.12	50.01	55.30

（资料来源：华经产业研究院.2018—2024年中国旅游共享经济市场运营态势分析及投资前景预测报告[R/OL].（2018-04-01）.https://www.huaon.com/down/348182.）

表8-3　2013—2018年我国旅游共享经济规模数据

项　目	年　份					
	2013	2014	2015	2016	2017	2018
旅游共享经济规模/亿元	227	418	735	1 368	2 292	3 535
增长速度/%	71.3	84.7	75.2	86.3	67.5	54.2

（资料来源：华经产业研究院.2018—2024年中国旅游共享经济市场运营态势分析及投资前景预测报告[R/OL].（2018-04-01）.https://www.huaon.com/down/348182.）

由上述数据可见，2013年，我国旅游共享人数规模为1 113万人，而到2018年增长至8 627万人，整体增长幅度达到8倍以上。2018年，我国旅游共享经济规模为3 535亿元，仅仅为同期共享经济规模的5%，但是在增长速度方面，从2015年之后，旅游共享经济的增长速度明显开始加快，增长速度显著高于整体共享经济的增长速度，这就说明旅游共享经济开始迎来了快速发展时期，旅游共享经济也开始找到了相应的市场，得到持续发展。

2. 与旅游共享经济有关的项目

从现状来看，当前与旅游共享经济有关的项目主要分为四大类，分别为住宿共享经济、出行共享经济、物品共享经济以及旅游服务共享经济。其中住宿共享经济指的是结合旅游相关地区的当地民众闲置住房，对住房进行出租，来获取相应收益，同时为游客提供多样化的住宿服务。出行共享经济主要指的是为游客提供旅游地区的交通设备，使得游客可以在异地也享受到方便的交通方式。物品共享经济指的是游客通过共享平台借取相应的旅游设施设备，比如摄影机、专业旅游器械等，使得游客不用购买相关设备。旅游服务共享经济则是为游客提供相关向导或者当地民俗风情服务等针对性的服务内容。

3. 旅游共享经济平台发展规模

从旅游共享经济平台发展规模来看，近些年我国登记备案从事旅游共享经济的平台数量呈现持续快速发展的态势，从2013年的212家暴增至2018年的1 365家，整体平台数量增长达到6倍以上。旅游共享经济平台数量的飞速增长，使得旅游共享经济有了第三方平台作为连接和依托，促进了旅游共享经济的高速发展。而且从发展势头来看，我国旅游共享经济在2016年进入快速发展阶段，目前旅游共享经济第三方平台还保持每年200家以上的增长速度。未来随着旅游共享经济平台数量的持续增加，对于旅游共享经济的服务内容以及供给和需求双方的信息配对都会起到进一步优化作用，有助于提供更为细致的旅游服务内容。因此旅游共享经济第三方平台的大量出现，为旅游共享经济发展提供了助推力。

4. 旅游共享经济市场监管模式

旅游共享经济属于共享经济的组成部分，但是由于旅游共享经济的起步时间较晚，是后来呈现爆发式的增长的，因此在之前的相关法律规章制度中并没有对旅游共享经济进行约束。随着旅游共享经济市场的持续发展以及规模的不断扩大，监管层面的必须性以及紧迫性开始显现。在2016年之前我国对于旅游共享经济市场监督还相对薄弱，只是在个别行业之中以制定行业规章制度的方式进行约束。但是随着旅游共享经济的持续发展，尤其是涉及押金类的旅游共享经济平台及模式的出现，使得旅游共享经济市场在发展中的风险性开始不断提高，并且开始有大量旅游共享经济平台借助着旅游共享经济的名号进行违法违规的相关操作，因此在这种情况下，我国开始加强对旅游共享经济市场的监管。2017年，我国对于涉及押金类的共享经济模式制定了《新业态用户资金管理办法》，该办法中对于共享经济中涉及的押金的使用以及监管等提出了相应的处理办法。2018年，我国更是全面地推进了旅游共享经济市场监管，国务院以及各个部门办公厅都开始颁布相关规范办法，其中具备代表性的文件有旅游交通领域的《关于进一步加强网络预约出租汽车和私人小客车合乘安全管理的紧急通知》《关于开展网约车平台公司和私人小客车合乘信息服务平台安全专项检查工作的通知》。旅游服务领域的《旅游网络服务规范》，旅游住宿领域的《网络餐饮住宿安全监督管理办法》以及旅游物品共享领域的《关于加强网络服务管理工作的通知》等。随着我国旅游共享经济市场的持续发展，涉及的相关群体人数的不断增多，我国还将不断加大对旅游共享经济的市场监管力度，确保旅游共享经济市场能够有序发展，为其提供有利的法律依据，规范旅游共享经济市场的发展氛围。

四、旅游共享经济的主要问题

旅游共享经济的产生与发展为旅游业的发展注入了新的生机和活力，在增加旅游产业营收的同时，对传统的旅游业运营模式也造成了一定程度的冲击，有效促进了旅游产业的转型升级发展。但是，我国旅游共享经济模式在发展过程中也存在一些问题，主要体现在以下两方面。

（一）信息安全受质疑，信用评价体系不健全

共享经济的核心是共享，实施的媒介是共享平台，实现的根本保证是信用。旅游共享经济的形式多表现为在陌生的旅行地点分享住房、交通工具或旅行服务，这在信息不对称的情况下存在着一定的风险。因此，旅游共享经济中的信息安全漏洞和道德风险等问题成为备受关注的热点。例如，短租平台和房东有天然的便利条件搜集房客隐私信息，可能会以逐利为出发点隐瞒房屋缺点、负面评价等信息。目前，国内共享平台大多采取用户打分、互评等评价机制，但在现实中部分平台存在评价不公开、反馈不及时等问题，可能对客户的隐私与征信权益造成侵害。同时，不同共享平台提供服务的标准不一，缺乏一套标准的专业化的评估体系。此外，游客获取相关信息数据的来源往往仅限于单一平台，缺乏多方征信来源，征信信息的科学性、可靠性有待进一步加强。因此，统一的共享平台认证标准、科学的用户评价体系、全行业的征信体系均亟待建立。

（二）外部监管体系尚未建立，相关政策法规尚不完善

作为一种新兴的经济运行形式，旅游共享经济模式的出现给原有外部监管与政策法规均带来了挑战。旅游共享经济模式下，共享平台作为连接服务供给方和需求方的中间环节，从根本上改变了旅游业的市场格局和消费模式，因此将涉及更加多元、复杂的法律关系与结构，可能引发诸如多方主体法律责任承担界定不清、风险承担主体不明、违约侵权追偿难等一系列法律风险。因此，需要在明确市场监管主体的前提下，尽快完善相关的政策与法规。而就发展现状而言，我国尽管对共享经济的布局与发展已上升到国家层面，但相应的外部监管体系、政策法规、行业标准等均尚不完善。例如，现有的旅游监管政策与法规内容大多针对传统旅游服务商，而无法适用于旅游共享平台。在监管缺失的情况下，目前市场上的平台大多采用行业自律的形式进行监管。但由于自律监管缺乏强制性，因此，行业内对营业者资格审查、安全标准检验以及消费者维权机制等方面尚未形成明确的规定。同时，部分共享平台存在自身管理混乱、员工缺乏职业培训等问题。除此之外，在互联网模式下，旅游共享经济模式使得旅游业的边际成本锐减、规模效益凸显，因此，部分共享平台在发展前期不惜以牺牲利润的方式抢占市场、抢占流量，形成了新的市场垄断，进而引发一系列影响公平竞争、市场定价、税费标准等方面的问题。

五、旅游共享经济的发展趋势

（一）我国共享经济的发展趋势

1. 共享经济在促进消费方面的潜力将得到充分释放

共享经济既能满足传统服务模式所压抑的消费需求，也能不断激发消费者的各种新需求。随着人们消费理念的转变和美好生活需求的增长，共享型服务将加速向主要生活领域渗透，并成为促进消费的重要力量。

2. 共享经济将会提供更多的就业机会

共享经济在就业方面的"蓄水池"和"稳定器"的作用将更加凸显。越来越多的劳动者将根据自己的兴趣、技能、时间和资源，以弹性就业者的身份参与到各种共享经济活动中。自由、包容、开放、多样的共享经济改变了就业形势，大大增加了就业岗位，提高了我国的就业率，成为就业领域的一个重要的新增长点。

3. 共享经济将成为人工智能领域技术创新的重要场景

在共享经济领域，人工智能技术将在身份核验、内容治理、辅助决策、风险防控、服务评价、网络与信息安全监管等方面发挥重要作用，应用潜力巨大；区块链技术的应用步伐也将加快，为共享经济领域社会信任体系和信用保障体系的建立提供技术支撑。

4. 将对共享经济实施科学有效的监管措施

随着国家各项整治行动和监管措施的延续，以及电子商务相关法律、法规实施，共享经济领域仍将延续强监管态势。

5. 共享经济领域标准化体系建设将不断加快

共享办公、众创平台、共享医疗、在线外卖等领域都有望出台行业性服务标准和规范。

（二）我国旅游共享经济的发展趋势

1. 共享型消费将在旅游经济发展中发挥越来越重要的作用

在我国经济已由高速增长转向高质量发展阶段的背景下，旅游业也步入转型升级发展时期。在共享经济快速发展的浪潮下，把共享经济发展模式引入旅游业，有效改变旅游业原有的发展模式，将极大地提高旅游业的资源利用效率，促进旅游业的健康可持续发展。

2. 旅游共享内容不断丰富

当前我国旅游共享的市场正在逐步丰富，为旅游产业提供更多的共享内容，游客所选择的旅游共享服务内容也将不断增加，通过旅游共享服务，能够为游客的衣食住行提供更大的便利性，对于旅游产业的发展会起到积极帮助作用。

3. 旅游共享经济平台发展更为专业化与多元化，平台发展速度加快

未来旅游共享经济平台将提供更为多元的产品和服务展示方式，如旅游直播营销等；将会有更多传统旅游企业参与到共享经济平台的发展中，形成传统旅游业与共享旅游平台的融合发展；会有更多细分化的旅游共享经济平台出现，满足各类细分市场的需求；旅游共享经济平台的发展将更为专业化与多元化，发展速度、规模有望进一步提升。

4. 旅游共享人数规模以及覆盖率将有极大的发展空间

与我国旅游整体人次规模数量相比较而言，当前使用旅游共享服务的游客还较少，从旅游共享经济的趋势来看，未来我国将有更多的人参与到旅游共享经济之中。

思政园地

西湖一键智慧游

2019年，杭州西湖风景名胜区管理委员会与高德地图合作上线"西湖一键智慧游"，为西湖景区提供实时路况监测、游客洞察、行业洞察、智能预警等数据信息，为游客提供行前、行中、行后全过程的旅游服务，还提供"文化史记两日游"和"茶文化之旅"两种主题玩法，无论游客是想游玩经典景点"苏堤春晓""曲院风荷"，还是新宠景点"龙井问茶""万松书院"，"智慧游"都可以一键规划。景区还围绕游客急需的停车场、微笑服务亭、公共厕所、最佳观景点等需求，在高德地图上进行了突出标示，提高了便利性。同时景区还配备了紧急呼叫系统，将一键救援求助信息第一时间接入公安指挥中心，让急救更及时。

课后，结合以上案例，分析杭州西湖景区"智慧旅游"包括哪些方面的智能化。以"我国互联网的发展，国家科技进步改变人们的旅游方式"为切入点，以"智慧旅游在我国的发展趋势"为主题，写一篇2 000字左右的小论文，将爱国主义、文化自信、科技强国等元素融入论文的内容写作中，全文应体现强烈的爱国情怀、民族自豪感与使命感。

（资料来源：韦夏怡. 西湖景区联合高德地图打造智慧旅游样板地[N]. 中国日报，2019-03-29.）

本章从"旅游+"业态、在线旅游业态、旅游共享经济业态三个角度对旅游新业态进行了阐述。通过本章的学习，学生可以明确"旅游+"的概念、本质及作用、在线旅游的发展、在线旅游市场的分类、旅游共享经济特点、旅游共享经济发展趋势等内容。"旅游+"的本质是服务，"旅游+"正在与各个行业不断融合。"旅游+五化"发展战略将大有作为。随着国家政策的支持，行业标准的制定，高质量、高标准、高效率的在线旅游正在成为旅游业的主要模式。当前与旅游共享经济有关的项目主要分为四大类，分别为住宿共享经济、出行共享经济、物品共享经济以及旅游服务共享经济。

一、填空题

1. "旅游+"具有_____、_____、_____之功能。
2. "旅游+五化"发展战略包括_____、_____、_____、_____。
3. 中国在线旅游市场的发展周期分为四个阶段，即_____、_____、_____、_____。
4. 云旅游的概念最早由我国学者_____提出。

5. 旅游共享经济的产权理念基础是_____，这也是共享经济的重要特征。

二、简答题
1. 简述"旅游+"的特征。
2. 简述在线旅游市场的分类。
3. 旅游共享经济的特点有哪些？
4. 结合实际，谈谈当前我国旅游共享经济模式存在的主要问题有哪些。

学习案例

案例一　马蜂窝：UGC机制下，打造内容核心竞争力

作为UGC型平台，马蜂窝的核心优势在于"内容+交易"。马蜂窝通过打造优质的旅游攻略、游记，助力广大用户在行前制订旅游计划。马蜂窝通过"旅游大数据"，不仅能帮助自由行用户制定出行计划，还可以让用户在站内购买机票、酒店住宿、景点门票、餐厅服务、游轮船票以及当地游产品，并确保用户在任何时间地点都能获得同步的信息，这种一体化的服务形式为马蜂窝聚集大量线上流量，奠定其广告模式的发展基础。

（1）UGC模式运营，提供个性旅游选择

马蜂窝的攻略引擎和UGC的机制是公司核心竞争力。至今，马蜂窝的平台上能够提供全球6万个旅游目的地的交通、酒店、景点、餐饮、购物、用车、当地玩乐等"信息+产品"预订服务。尤其在当前个性化旅游成为潮流的背景下，对年轻消费者而言，马蜂窝所提供的海量内容能够为他们提供各类旅游路线参考选择。同时，经过大量的用户自主分享，马蜂窝平台上的信息内容不断丰富和完善，优势得以加强，口碑变得更好。

（2）攻略分享，撮合交易实现双赢

马蜂窝的商业模式一是将消费决策与在线旅游代理商连接起来，从而收取佣金；二是为旅游机构提供品牌宣传的平台。马蜂窝向用户提供内容丰富的免费旅游攻略，在获得流量后向旅游机构提供宣传的平台，收取相关费用，这些费用包括广告和佣金：①品牌广告费用，国际性的旅游机构像航空公司、国家级的旅游局，或者是景区做品牌的推广和营销费用；②来自OTA的合作伙伴的佣金，马蜂窝通过自身的AI及大数据算法将个性化旅游信息与来自全球各地的旅游产品供应商连接，使得平台也能与商家实现良好合作，并从中盈利。

问题：结合本案例谈谈马蜂窝的核心竞争力是什么？其运营模式成功的原因有哪些？

案例二　穷游：旅行新方式，探索内容变现模式

穷游品牌的网站主要面向以学生、背包客、工薪阶层为代表的穷游人群进行宣传。穷游以价格作为广告策略最重要的一部分，通过多个方面进行"穷游"的低价宣传，并加以广大穷游爱好者的攻略宣传实施广告策略。穷游APP会及时更新国家免签以及落地签的政策，及时告知旅游者适合选择何种类型的签证，以及怎样选择不同国家或者同一国家不同时间的签证可以更加优惠。

1. 从社区到社群，穷游的商业价值

UGC（用户产生内容）方式产生高质量旅游攻略。穷游吸引喜欢穷游的用户，并保持用户活跃度。穷游的难度在于用最少的钱旅游最多的内容，因此详尽的攻略是穷游中最重要的部分之一。穷游的闭环打造有助于优质内容生产及提高用户黏性：用户在行前

通过穷游上获取旅游攻略或旅游资讯，在行程结束后又回到穷游分享新的攻略或游记。穷游的用户基本都有出境游需求，无论是个体用户价值还是群体用户属性，都是目前社区形态里消费价值较高的群体，而这也是穷游核心的价值所在。穷游以折扣方式获取商业效应。对于用户来说，穷游通过团体和量的优势，为自由行用户提供优惠的机票、住宿、签证、租车等自由行周边的服务产品；对商家来说，穷游通过自身获取的旅游资讯以及庞大的流量对接，为商家提供广告和推荐服务。在跟团游方面，穷游网可以对组团的旅行社进行宣传，将旅行团的尾单通过穷游APP进行宣传，既保证了旅行团的人员充足又符合穷游APP本身低价的策略，到达新的城市后，也可以在穷游APP中低价一日游的选项找到攻略。

2."旅游攻略＋经历分享"，社区服务获得盈利

穷游网利用社区吸引用户体验产品和服务，后期再回社区进行交流分享，从而促成新的消费。酒店、机票的预订佣金是网站主要收入来源，网站不仅提供预订服务，目前还新增了保险、代办签证、租车等服务，多元化的服务内容为公司带来了流量的增加。酒店预订无须在平台预付费，用户入住客房后向酒店支付房费，由酒店向网站返还一定的佣金。预订机票则是按照预订量向航空公司收取一定比例佣金。网站还赚取旅游路线预订差价和提成收入。穷游网以平台优势和世界各地旅行社合作，制定特色线路，主要是"机＋酒"自由行线路，过程中赚取差价。网站收入还包括穷游自主产品的销售收入。网站主要服务与产品提及了"生活实验室"，包括服饰纪念品周边等，这其中有自主原创也有和世界潮牌设计师合作的产品。网站凭借其时尚前卫的个性化商品吸引了不少年轻用户群体，同时为其带来了一定收益。网站还能获取广告收入。网站用户资源吸引了不少旅游品牌广告公司，但为了用户体验，网站首页没有出现太多广告栏目。因而广告公司竞争极强，为此给公司带来了高额的广告费收入。除此之外，还有一些线下开展活动的相关收入。

（资料来源：贺燕青. OTA产业空间广阔，模式百花齐放[EB/OL].（2019-05-22）[2023-08-14].http://finance.sina.com.cn/stock/jhzx/2019-05-22/doc-ihvhiqay0586122.shtml.）

问题：结合本案例，谈谈穷游网的竞争优势、市场定位。

参考文献

[1] 万剑敏.旅行社产品设计[M].北京：旅游教育出版社，2014.

[2] 张道顺.旅游产品设计与操作手册[M].3版.北京：旅游教育出版社，2012.

[3] 戴维·韦弗，劳拉·劳顿.旅游管理[M].谢彦君，潘莉，译.4版.北京：中国人民大学出版社，2014.

[4] 李天元.旅游学概论[M].7版.天津：南开大学出版社，2014.

[5] 张科，李璐.旅游学导论[M].北京：北京理工大学出版社，2017.

[6] 田里，杨懿，王桀.旅游学概论[M].重庆：重庆大学出版社：2019.

[7] 张艳萍，肖怡然.旅游资源学理论与实务[M].北京：北京理工大学出版社，2020.

[8] 李志强，李玲.从《旅行社条例》看我国旅行社分类制度的演变[J].华东经济管理，2010，24（12）：63-65.

[9] 王昕.高职"旅游学概论"课程思政教学探究[J].当代旅游，2020，18（33）：77-79.

[10] 刘林.信息化背景下高职《旅游学概论》课程改革思考[J].中外企业家，2019（18）：143.

[11] 杨小明.任务驱动教学模式在高职旅游专业课程中的应用研究：以丽江师范高等专科学校《旅游学概论》为例[J].智库时代，2019（16）：131，136.

[12] 陈萍.旅游学概论教材的建设与创新：评《旅游学概论》[J].中国教育学刊，2018（4）：137.

[13] 刘胡蓉.基于MOOC的高职《旅游学概论》项目化教学模式研究[J].教育现代化，2018，5（2）：333-335.

[14] 郑薇.基于工作过程的高职《基础旅游学》课程标准的研究[J].现代企业教育，2014（16）：411.

[15] 胡北明，黄俊.中国旅游发展70年的政策演进与展望：基于1949—2018年政策文本的量化分析[J].四川师范大学学报（社会科学版），2019，46（6）：63-72.